외국인 불법체류/강제퇴거명령/보호일시해제/이의신청 구제방법

출입국관리법 해설
외국인 불법체류 해소
이의신청 사유정리

강제퇴거
불법체류
이의신청

편저 : 대한법률콘텐츠연구회
(콘텐츠 제공)

해설·최신서식

법문북스

머리말

　불법체류는 체류국의 출입국관계법령을 위반하여, 자국 이외의 외국에서 불법적으로 체류하고 있는 상태를 의미합니다. 우리나라에서는 법무부가 불법체류 외국인에 대한 강력한 단속과 자발적 귀환 유도 정책을 병행하여 효율적인 감축을 추진하고 있습니다.

　최근에는 '불법체류' 라는 용어가 내포한 부정적 인식을 개선하기 위해, '미등록 외국인' 또는 '취업활동을 할 수 있는 체류자격 없는 외국인' 등으로 명명하는 움직임도 있습니다.

　불법체류자 수는 2023년 10월 43만 명으로 최고치를 기록한 이후 감소 추세로 전환되었습니다. 법무부와 유관 기관의 상시 단속 및 정기 합동단속, 그리고 신규 입국자 심사 강화 등 적극적인 정책이 이어지면서 불법체류자 수는 매월 꾸준히 줄고 있습니다. 2024년 8월 기준 불법체류자는 약 41만 명(정확히 410,183명)으로, 전년 동월 대비 약 4.4% 감소했습니다. 이후 단속과 자진출국 유도 정책이 지속되어 2025년 1월에는 불법체류자 수가 39만 명까지 줄었고, 최근에는 30만 명대까지 감소했다는 공식 보도가 있었으나, 이는 2025년 2월 기준으로 장기·단기·거소 등 전체 불법체류자 수를 합산한 수치로 해석해야 하며, 실제 법무부 공식 통계와 일부 언론 보도 간 차이가 있을 수 있습니다.

　불법체류자 수는 최근 몇 년간 증가세를 보이다가 2023년 말~2024년부터 정부의 단속 강화와 자진출국 유도 정책, 신규 입국자 심사 강화 등으로 인해 감소세로 전환되었습니다. 앞으로도 정부는 불법체류 감축을 위한'체류 질서 확립'정책과'불법체류 감축 5개년 계획'을 지속적으로 추진할 계획이며, 2027년까지 불법체류자를 절반 수준(약 20만 명대)으로 줄이겠다는 목표를 세우고 있습니다.

　정부는 경찰청, 고용노동부 등과 합동 단속을 지속하고, 고용주 처벌 강화, 불법고용 신고 포상금 제도 활성화, 자진출국 유도 등 다양한 정책을 병행하고 있습니다. 이에 따라 불법체류자 수는 단기적으로는 점진적으로 감소할 것으로 예상됩니다. 중장기적으로는 산업 현장의 인력 수요, 본국과의 임금 격차, 체류기간 연장 등 구조적 요인에 따라 불법체류자 발생이 완전히 사라지지는 않겠지만, 정부의 적극적인 관리와 정책 효과로 인해 불법체류자 수는 계속 줄어들 가능성이 높습니다.

우리나라의 불법체류 외국인 관리에서 자진 출국 유도와 강제 단속을 병행하여 균형을 이루고 있습니다. 이 두 정책은 서로 보완적 역할을 하며, 불법체류자 감축과 체류질서 확립을 동시에 추구합니다.

입국금지 완화 및 범칙금 면제 혜택 제공하고 있습니다.

법무부는 자진 출국하는 불법체류 외국인에게 입국금지 기간을 단축하거나 입국금지 면제, 범칙금 면제 등 다양한 혜택을 제공해 왔습니다, 최근에는 자진출국 시 범칙금 부과와 입국금지 조치가 강화되었으나, 사전 신고 후 자진 출국하는 경우에는 여전히 일정한 혜택이 주어집니다.

상시적 자진출국제도 운영하고 있습니다.

2004년부터 자진출국제도를 상시적으로 운영하여 불법체류 외국인의 자발적 귀환을 유도하고 있습니다. 단속 적발 시 범칙금 부과, 강제퇴거, 입국금지(최장 10년 또는 영구) 등 엄중한 조치를 취합니다. 불법체류 환경을 조성하는 브로커 등에 대해서도 강력히 단속합니다. 자진 출국 유도는 인도적이고 효율적인 정책으로, 단속에 의한 사회적 갈등과 비용을 줄이는 효과가 있습니다. 강제 단속은 체류질서 확립과 국민 안전, 서민 일자리 보호를 위해 불가피한 조치로, 불법체류 근절의 실효성을 높입니다. 정부는 두 정책을 병행함으로써 불법체류자 감축의 실질적 효과를 거두고 있으며, 앞으로도 일관된 정책 추진을 강조하고 있습니다.

불법체류자라고 하더라도 보호조치에 대한 이의신청이 인정됩니다. 「출입국관리법」 제55조는 법무부장관에게 보호에 대한 이의신청을 할 수 있도록 규정하고 있습니다. 보호에 대한 이의신청 이외에 강제퇴거에 대하여도 이의신청을 인정하고 있지만, 입국거부조치에 대하여는 이의신청제도가 없는 반면 보호(강제퇴거)에 대하여는 이의신청을 인정하고 있습니다. 이는 입국거부는 국가의 주권 재량행위로서 외국인의 권리가 인정되지 않는 점에 비추어 이의신청 제도를 둠이 타당하지 않음을 고려한 것이고 보호조치에 대하여는 보호가 행정목적을 달성하려는 행정절차임을 분명하게 하면서 신체의자유가 적법절차를 위반하여 제한될 수 있는 상황을 사전에 예방하려는 목적에서 이의신청을 인정한 것입니다.

더 나아가「출입국관리법」상 외국인에 대한 보호명령은 행정상 즉시 강제 또는 직접 강제에 해당하고 권력적 사실행위의 성질을 갖는 처분이므로 처분의 위법, 부당함을 주장하는 경우에는 행정심판을, 위법함을 주장하는 경우에는 행정소송을 제기할수 있습니다.

강제퇴거는「출입국관리법」을 위반한 국내 체류 외국인에 대하여 대한민국 밖으로 강제적으로 퇴거하도록 하는 것입니다. 국가는 외국인이 입국한 후 실정법에서 정한 각종 의무와 조건 등을 위반하는 경우에 그 국가에서 거주 또는 일시체류를 중지시키고 강제적인 수단을 동원하여 본국 혹은 제3국으로 퇴거하도록 할 수 있습니다.

반면 외국인이 이미 국내에서 생활관계가 마련되거나 이루어지기 전에 취해지는 조치로써 입국금지는 국가 또는 사회의 이익에 반하는 외국인의 입국을 사전에 방지하기 위하여 입국 요건을 갖추지 못한 외국인을 공항 만에서 차단하는 국가의 행위입니다. 강제퇴거가 이미 국내에서 생활관계가 이루어진 후에 취해지는 조치라는 점에서 입국금지에 비해 그 제한의 정도가 크다고 할 수 있습니다.「출입국관리법」은 법무부장관이 공중위생, 국가의 이익이나 국가 안전, 일본전범, 이민관리 등의 사유로 외국인에 대하여 입국을 금지할 수 있도록 규정하고 있습니다(동법 제11조).

외국인이 입출국단계에서 유효한 여권 등을 소지하지 않았거나 불법적으로 입·출국하는 경우, 합법적으로 입국하였으나 체류단계에서 등록의무 위반, 체류자격에 부합하지 않는 활동을 하는 경우, 금고 이상의 형의 선고 받은 경우와 같이「출입국관리법」을 위반하거나 체류자격이 없는 자 및 범죄를 저지른 자에 대하여는 대한민국 밖으로 강제퇴거를 시킬 수 있습니다(동법 제46조). 강제퇴거를 받은 외국인은 주거 및 재산, 직업 등 거주지로부터 형성된 모든 생활기반을 박탈당하게 되고 국내에 가족과 함께 거주하고 있었던 경우에는 가족과도 분리됩니다. 국내에서 외국인 부부가 체류하던 중에 부부 중 일방이 강제퇴거를 당하거나 부모와 자녀가 함께 체류하던 중에 부모만 강제퇴거를 당하는 경우 또는 자녀만 강제퇴거를 당하게 되는 경우가 해당합니다.

외국인이 국내에서 가족들과 체류하다가 국외로 출국한 뒤 다시 입국하고자 하는 경우에 입국이 금지된다면 이 역시 가족이 분리되는 결과를 낳습니다. 이러한 미등록 상태의 외국인은 강제퇴거 대상자에 해당하고, 가족구성원 중 일부만이 강제퇴거 되는 경우 강제적인 가족의 분리로 이어지게 되는 것입니다. 그러나「출입국관리법」은 강제퇴거 또는 입국 금지 시에 가족결합을 고려하도록 하는 보호 규정을 두고 있지 않습니다. 이로 인해 외국인에 대한 강제퇴거 또는 입국 금지라는 국가의 공적 처분으로 인하여 가족이 분리되고 이로 말미암아 가족이 해체되는 결과가 야기될 수 있는 것이며 가족결합권이라는 사적 권리의 실현에 있어서도 문제가 됩니다.

출입국관리법은 공적 처분에 해당하는 강제퇴거와 외국인의 사적권리를 구별하지 않음으로써 가족결합권을 제약하는 결과가 나타나고 있음에도 불구하고 이에 대한 아무런 보호규정도 두고 있지 않습니다. 출입국제도는 국가의 영토고권에 따른 국가의 권리이지만, 절대적인 것은 아니고 일정한 한계가 따릅니다. 외국인의 입국을 금지하거나 강제퇴거의 경우에도 외국인의 기본권은 보호되어야 하기 때문입니다.

국가의 영토고권에서 나오는 외국인의 추방권과 외국인의 사적권리에 속하는 가족결합권은 별개의 문제로써 양자모두 존중되고 보호되어야 하므로 국내법에 규정한 입국 금지 및 강제퇴거 사유가 정당하고 그러한 사유에 해당하는 경우에도 적법한 절차에 따라 행사되어야 하는 한계가 있습니다.

국민뿐만 아니라 외국인의 경우에도 그 가족과 함께 살 권리, 즉 가족결합권을 가지고 있으며 국가의 영토고권에 따른 출입국정책에 의해 외국인의 가족동반 및 가족초청을 금지하거나 입국금지 및 강제퇴거로 인해 가족이 분리되는 경우 가족결합권의 제약이 발생할 수밖에 없습니다.

국가는 영토고권에 따라 국경을 건너는 사람의 이동을 통제하고 규율할 권리를 가지므로 국가는 누구를 국내로 들여보낼지, 국내로부터 국외로 추방할 것인가를 결정할 권한을 가집니다. 그리하여 국가는 출입국정책을 통하여 입국자의 수나 입국의 조건들을 규정하며 입국한 자들의 잔류할 권리 및 잔류할 수 없는 사유를 정하게 됩니다. 그러나 국가가 출입국관련규범과 정책을 결정하고 시행할 권리는 무제한 인정되는 것은 아니고 경우에 따라서 제한될 수 있습니다.

출입국정책에 의한 외국인의 기본권 제약이 정당화되기 위해서는 국가는 누구의 입국을 허용할 것인지, 추방에 있어서 그 목적과 사유 및 절차 등 여러 가지 요소와 개인의 사적권리로서 가족결합권을 고려하여 어느 권리를 우선할 것인지에 대한 합리적 판단이 필요합니다. 「헌법」제37조 제2항에 의하면 모든 자유와 권리는 국가안전보장 질서유지 또는 공공복리를 위하여 필요한 경우에 한하여 법률로써 제한할 수 있습니다. 따라서 국가는 법률에 따라 국가안전보장 질서유지 또는 공공복리를 위하여 국가안전을 위태롭게 하거나 질서유지 또는 공공복리를 해할 우려가 있는 외국인의 입국을 제한하거나 강제퇴거 시킬 수 있습니다.

외국인노동자의 가족에 대한 입국을 허용할 경우, 외국인노동자에게 동반되는 가족의 수를 예측할 수 없어 예상치 못한 외국인의 유입이 증가할 것이고 이로 인해국가는 많은 사회적 비용을 부담하게 될 우려가 있습니다. 그러나 외국인 및 그와 혼인한 배우자와 자녀로 이루어진 가족의 경우에 그 가족의 입국을 허용하지 않거나 가족의 생계를 담당하고 있는 외국인이 강제퇴거 되거나 출국 후 재입국이 허용되지 않는다면 가족이 분리될 뿐만 아니라 별거와 실직이라는 상황에 이중적으로 내몰리게 되어 궁극에는 가족의 보호적 기능이나 연대적 기능 혹은 경제적 기능의 상실 또는 약화로 가족의 해체를 초래할 수 있습니다.

외국인을 추방하거나 입국을 금지시키는 경우에 그 외국인과 가족의 분리로 인하여 겪는 고통에 더하여 가족이 해체되는 경우에는 가족 구성원, 특히 성장기에 있는 자녀의 발달에 미치는 영향은 매우 부정적입니다. 따라서 국가안전보장 질서유지 또는 공공복리를 위하여 외국인의 출입국을 제한하는 경우에도 외국인에게 있어서 가족동반을 허용하지 않거나 입국금지 및 강제퇴거와 같은 제한은 결국 가족의 분리로 이어질 수 있고, 이는 국가의 출입국관리제도에 따른 강제적인분리에 해당하므로 외국인의 가족결합권이 반드시 고려되어야 합니다.

출입국관리법 제67조는 출국권고를 규정하고 있는데 이는 출입국사범으로서 비교적 그 위반 정도가 가벼운 외국인에게 자발적으로 출국할 것을 권고하는 제도로써 외국인은 부여받은 체류자격과 기간 내에서 그에 부합하는 활동만을 할 수 있으나 부여받지 않은 체류자격 활동을 한 경우「출입국관리법」제17조(외국인의 체류 및 활동범위)와 제20조(체류자격외 활동)를 위반한 것이 됩니다. 다만, 그 불법상태 기간이 짧고 최초 위반 등 참작할 사유가 있는 경우에는 외국인에게 출국권고를 할 수 있습니다.

출입국관리법 시행령 제81조(출국권고)에서 법률상 '그 위반정도가 가벼운 경우'를 동법 제17조 또는 제20조를 처음 위반한 사람으로서 그 위반기간이 10일 이내인 경우로 명시하고 있습니다. 출국권고는 통상 불법취업 등의 별도 불법행위 없이 체류 기간을 단순 도과한 외국인에게 부과 됩니다. 출국권고는 비교적 위반정도가 가벼운 외국인에게 부과되며 강제성을 띠지 않는다는 점에서 권리다툼 내지 보호 문제는 발생할 여지가 적습니다.

출국명령은 출국권고와 달리 강제성을 띠는 행정처분이며 명령을 받는 외국인의 법 위반 정도 역시 출국권고 상황보다 높습니다. 우선 동법 제46조의 강제퇴거 대상자로서 자기 비용으로 자진하여 출국하려는 외국인이 출국명령의 대상이 될 수 있습니다. 출국권고를 받은 외국인으로서 그 이행을 하지 않은 자에게도 출국명령이 내려질 수 있습니다. 사증허가, 입국 및 상륙허가 등 각종 허가를 받았으나 거짓이나 부정한 방법으로 허가를 받았거나 그 조건을 위반한 경우에는 그 허가를 취소하게 되는데 이때 허가를 취소당한 외국인에 대하여도 출국명령을 할 수 있습니다.

법원은 상기와 같은 반론에도 불구하고 결론적으로는 원고의 청구를 인용하였는데 출국명령 처분으로 인하여 보호하고자 하는 전염병 예방이라는 공익의 달성여부는 확실치 아니한 반면 처분으로 인한 원고의 가족결합권을 포함한 행복추구권, 치료를 받을 가능성 등은 심각하게 침해될 것임이 분명하므로 처분의 재량의 일탈 남용이 인정된다고 하였습니다. 하지만 동 판례는 원고가 모친과 함께 생활하고 있는 상황을 고려한 것으로 보이며 다른 외국인에게 일반화하여 적용하기는 어렵다고 판단되었습니다.

강제퇴거는 "불법" 상태에 있는 외국인에 대한「출입국관리법」상 행정처분으로서는 가장 강력한 처분이라고 할 것입니다. 「출입국관리법」제46조 제1항에서 강제퇴거 사유를 열거하고 있습니다. 유효한 여권과 사증을 가지고 있지 않은 자(제1호), 허위초청으로 입국한 외국인 및 알선자(제2호), 입국금지 사유가 입국 후에 발견되거나 발생한 사람(제3호), 외국인을 불법 입·출국시키기 위해 선박 등, 여권, 사증, 탑승권 등을 제공한 자(제4호), 조건부 입국허가 요건을 위반한 사람(제5호), 상륙허가를 받지 않고 무단으로 상륙한 사람(제6호), 상륙허가 조건을 위반한 사람(제7호). 체류자격 및 기간 위반, 정치활동을 한 자, 외국인 고용제한 위반자, 체류자격외 활동 위반자, 체류 자격 부여, 변경 연장허가를 받지 아니한 자(제8호), 근무처변경, 추가 허가를 받지 아니하고 외국인을 고용, 알선한 사람(제9호). 법무부장관이 정한 거소 또는 활동범위의 제한이나 그 밖의 준수사항을 위반한 사람(제10호), 출국심사를 받지 않고 출국하려고 한 사람(제11호), 외국인 등록 의무를 위반한 사람(제12호), 금고 이상의 형을 선고받고 석방된 사람(제13호), 그 밖에 제1호부터 제13호까지의 규정에 준하는 사람으로서 법무부령으로 정하는 사람(제14호) 등이 강제퇴거 사유에 속합니다.

상기의 강제퇴거 사유를 유형별로 분류하면 첫째 외국인의 입출국 단계에서 유효한 여권 등을 소지하지 않았거나 불법적으로 입·출국하는 경우, 둘째 합법적으로 입국하였으나 체류단계에서 등록의무 위반, 체류자격에 부합하지 않는 활동을 하는 경우, 마지막으로 형사범죄를 저지른 경우 등으로 나누어 볼 수 있습니다. 강제퇴거 사유는 출입국사범과 형사범을 모두 포함하는 것으로 국내에 체류가 부적한 외국인을 포괄하여 규정하고 있는 것으로 이해할 수 있습니다.

강제퇴거는 조사, 심사결정을 거치면서 확정되는데 조사를 거쳐 외국인에 대한 강제퇴거가 필요하다고 판단되면 「출입국관리법」시행령 제74조에 따라 사무소장 등은 강제퇴거명령서를 발급하여 해당 외국인에게 교부하여야 합니다.

강제퇴거명령을 받은 자의 일반적인 보호기간은 그 기간이 최대 20일까지로 규정되어 있으나 강제퇴거명령을 받은 자의 보호기간은 상한 규정이 없습니다. 강제퇴거명령이 내려지면 즉시 집행하는 것이 원칙이나 「출입국관리법」제63조에 따라 강제퇴거명령을 받은 외국인이 여권 미소지 또는 교통편 미확보 등의 사유로 즉시 송환이 이루어질 수 없는 경우에는 송환할 수 있을 때까지 보호시설에 보호할 수 있습니다.

강제퇴거명령이 즉시 집행되는 못하는 상황은 해당 외국인의 신분이 확인되지 않아 여권 등의 증명서를 국적 대사관에서 발급받지 못하는 경우에 발생합니다. 여권 등의 신분증을 고의적으로 파기하고 신분확인을 계속해서 거부하면 보호가 지속될 수밖에 없습니다. 「출입국관리법」제65조에 보호의 일시해제 규정을 두고 있는데 시행령상 심사기준으로 생명·신체에 중대한 위협이나 회복할 수 없는 재산상 손해가 발생할 우려가 있는지, 국가안전보장·사회질서·공중보건 등의 국익을 해칠 우려가 있는지, 피보호자의 범법사실·연령·품성, 조사과정 및 보호시설에서의 생활 태도, 도주 우려, 인도적 사유 등이 규정되어 있습니다.

그런데 기본적인 신원확인을 거부하는 피보호인은 열거한 어떠한 기준에 의하여도 일시해제 여부를 심사할 수 없습니다. 오히려 국익위해, 도주우려 등이 더 높다고 할 것입니다. 이러한 보호기간 연장의 불가피성을 고려하면 기간의 상한을 두는 것 자체가 불가능할 수밖에 없습니다. 관련 대법원 판례를 살펴보면 강제퇴거명령 대상자로 보호처분 중에 있는 자에 대하여 다른 고소사건을 수사하기 위하여 퇴거명령집행을 보류하고 보호기간을 연장하는 것은 위법하다고 판시하였습니다.

강제퇴거명령을 받은 자를 즉시 대한민국 밖으로 송환할 수 없는 때에 송환이 가능할 때까지 그를 외국인보호실, 외국인 보호소 기타 법무부장관이 지정하는 장소에 보호할 수 있도록 규정하고 있는바, 이 규정의 취지에 비추어 볼 때, 「출입국관리법」제63조 제1항의 보호명령은 강제퇴거명령의 집행확보 이외의 다른 목적을 위하여 이를 발할 수 없다는 목적상의 한계 및 일단 적법하게 보호명령이 발하여진 경우에도 송환에 필요한 준비와 절차를 신속히 마쳐 송환이 가능할 때까지 필요한 최소한의 기간 잠정적으로만 보호할 수 있고 다른 목적을 위하여 보호기간을 연장할 수 없다는 시간적 한계를 가지는 일시적 강제조치라고 해석됩니다.

현행규정은 강제퇴거를 위한 보호를 여권 미소지, 교통미확보 등 물리적으로 강제퇴거 집행이 불가능한 상황을 전제로 하고 있어 다른 고소사건을 수사하기 위하여 보호기간을 연장하는 것은 대법원 판례와 같이 위법하다고 할 것입니다. 강제퇴거를 위한 보호가 일시해제 등의 사유가 없는 상태에서 정당화될 수 있음은 강제퇴거명령 및 강제퇴거 시까지의 보호명령에 대한 집행정지를 구하는 사건에서 그 논거를 찾아볼 수 있습니다. 유효한 여권과 사증을 소지하지 아니한 채 입국심사도 받지 아니하고 입국하였다는 이유로 한 강제퇴거명령 및 강제퇴거 시까지의 보호명령에 대한 집행정지를 구하는 사건에서 원심은 강제퇴거명령에 대하여는 신청인에게 회복하기 어려운 손해가 발생할 우려가 있음을 인정하여 그 집행을 정지시켰으나 보호명령에 관하여는 그 집행으로 인하여 신청인에게 회복하기 어려운 손해가 발생할 우려가 있다고 인정할 만한 자료가 없을 뿐만 아니라, 그 집행을 정지하여 신청인에 대한 보호를 해제할 경우 공공복리에 중대한 영향을 미칠 우려가 있다고 인정된다는 이유로 그 집행정지 신청을 받아들이지 않았습니다. 대법원은 재항고 이유를 살피면서 원심이 강제퇴거명령을 받은 자를 즉시 송환할 수 없는 경우 일시적으로 보호하는 처분에 대하여 강제퇴거명령 집행이 정지되었다고 하여 당연히 보호에 대하여도 집행이 정지되지 않는다고 본 것은 타당하나 강제퇴거명령의 집행이 정지되었다면, 강제퇴거명령의 집행을 위한 보호 명령의 보호기간은 결국 본안소송이 확정될 때까지의 장기간으로 연장되는 결과가 되어 그 보호명령이 그대로 집행된다면 신청인은 본안소송에서 승소하더라도 회복하기 어려운 손해를 입게 됩니다.

원심은 보호명령의 집행으로 인하여 신청인에게 회복하기 어려운 손해가 발생할 우려가 있다고 인정할 만한 자료가 없다고 판시함으로써, 손해발생에 대한 소명을 요구하고 있는바 "의사에 반하여 보호되어 있다는 사실 자체에서 막심한 정신적 손해를 입을 수 있으므로 더 나아가 구체적으로 어떠한 개별적인 손해를 입을 것까지 요구되는 것은 아니라 할 것"이라고 하여 원심의 판단이 잘못되었음을 지적하였습니다.

이어서 대법원은 신청인의 개별 사정을 판단하였는데 신청인은 위조 중국 거민신분증을 소지하고 있다는 혐의를 받고 있고 이에 대하여 "소명이 불충분한 상황에서 보호명령의 집행을 정지하면 외국인의 출입국관리에 막대한 지장을 초래하여 공공복리에 중대한 영향을 미칠 우려가 있다고 보이므로 보호명령에 대한 집행정지를 받아들이지 않은 것은 정당하다."라고 판시하였습니다. 결론적으로 대법원은 강제퇴거를 위한 보호의 필요성, 일시해제의 요건과 관련한「출입국관리법」규정의 타당성을 인정하였다고 할 것입니다 우리 법문북스에서는 불법체류자로 적발되어 강제퇴거명령을 받았으나 억울한 마음을 가지고 있는 외국인이 남의 힘을 빌리지 않고도 스스로 이의신청을 하여 구제받을 수 있는 방법을 활용하여 불법체류자에서 벗어날 수 있는 방법을 제시하고 이의신청서는 어떻게 작성하고 처리하는 방향을 자세히 알려드리고 법률전문가의 도움 없이도 직접 해결할 수 있도록 하는 실무지침서를 적극 권장하고 싶습니다.

- 법문북스 -

차례

본문

제1장 외국인 불법체류

1. 외국인 체류 및 활동범위

출입국관리법 제17조(외국인의 체류 및 활동범위) 제1항 외국인은 그 체류자격과 체류기간 범위에서 대한민국에 체류할 수가 있다. 제2항 대한민국에 체류하는 외국인은 출입국관리법 또는 다른 법률에서 정하는 경우를 제외하고는 정치활동을 하여서는 아니 된다. 제3항 법무부장관은 대한민국에 체류하는 정치활동을 하였을 때에 그 외국인에게 서면으로 그 활동의 중지명령이나 그 밖에 필요한 명령을 할 수 있다. 라고 규정하고 있습니다.

외국인에 대한 체류 및 활동범위에 관하여 기본원칙을 천명한 일반 조항이 바로 출입국관리법 제17조입니다. 대한민국에 체류하는 외국인도 기본권의 주체가 될 수 있으며 법률에 제한이 없는 한 대한민국에서 기본권을 향유하기 위한 활동을 자유롭게 할 수 있으므로 의식주 등 인간으로서의 기본적인 활동이나 거주지 이동을 위해 별도의 허가를 받아야 하는 것은 아닙니다. 그렇다고 하여 외국인에게 대한민국에 "체류하기 위해 "자유롭게 "입국" 할 수 있는 권리가 있는 것은 아니므로 입국에 관하여는 별도의 허가를 받아야 합니다.

그러나 그 밖의 활동에 대하여는 출입국관리법에서 미리 정하고 있는 활동의 유형에 따른 체류자격의 범위 내에서 대한민국에 체류할 수 있습니다. 여기서 '체류자격' 이라 함은 외국인의 입국 및 체류 관리에 관한 기본적인 신분 체계로 대한민국에 체류하면서 행할 있는 사회적인 활동이나 신분을 유형화한 것입니다.

위의 제1항에서 일정한 체류자격을 가진 외국인은 체류자격에 의하여 인정되는 일정한 활동을 체류기간 내에서 영위할 수 있는 권리를 천명하는 규정인 반면, 반대 해석상으로 일정한 체류자격을 가지지 아니한 외국인은 체류자격에 의하여 인정되는 활동을 하여서는 아니 된다는 의무를 동시에 규정한 것입니다. 다만 제1항에서 일반적인 의무를 규정하고 있으므로 제1항을 위반한 자를 처벌 하는 범위에 있어서는 체류 외국인의 직접적 또는 개별적인 의무를 규정하고 있는 출입국관리법 제18조, 제20조, 제24조 및 제25조와의 관계를 고려하여야 합니다. 따라서 제1항은 보충적·제한적으로 해석하여야 필요가 있습니다. 다시 말해 체류자격이 처음부터 없는 자 또는 입국허가나 체류허가가 무효이거나 취소된 자가 불법적으로 체류하는 경우 등으로 대상을 한정하고 기존의 체류 자격을 가진 자가 다른 체류자격에 해당하는 활동을 하면서 별도의 체류자격 변경 등 허가를 받지 아니하거나 정해진 체류기간을 초과하여 체류하는 경우에는 제20조(체류자격외 활동), 제24조(체류자격변경허가) 및 제25조(체류기간연장허가)를 우선 적용하고 특히 취업활동에 관하여는 제18조(외국인 고용의 제한) 우선 적용하여야 것입니다.

체류기간은 외국인이 입국한 날로부터 계산하나 초일은 산입하지 아니합니다.

체류기간은 통상 또는 단위로 정하고 있으므로 일(日)로 환산하지 않고 역(曆)에 의하여 계산하며 최종의 월에 해당하는 날이 없는 경우 월의 말일로 체류기간이 만료되고 따라서 년이나 월의 일수의 장단은 문제되지 아니합니다. 체류기간의 말일이 공휴일에 해당하는 경우에는 다음 날로 만료 하지만(단, 만료일이 토요일인 경우에 익익일을 만료일로 합니다) 체류기간의 초일이 공휴일인 경우에는 적용이 없으며 민법상 초일 불산입의 원칙에 따른 것입니다. 한편 체류기간은 체류자격을 가지고 체류하는 외국인이 체류할 수 있는 기간으로서 체류자격과 불가분의 관계이며 체류자격제도의 근간입니다.

따라서 위 제2항은 체류자격과 체류기간의 범위 내에서 체류하는 외국인이더라도 정치적 활동을 하여서는 아니 된다는 의무를 부과하는 규정입니다. 헌법상 국민주권주의에 비추어 볼 때 선거권·피선거권·공무담임권·국민투표권 등의 참정권은 국민에게 귀속되는 것이 원칙이며 제2항은 이러한 배경에서 규정된 것입니다. 한편 제2항의 의무를 위반한 자는 강제퇴거대상자에 해당하나 처벌의 대상은 아닙니다.

위 제3항은 제2항의 의무를 위반한 자에 대한 행정명령을 할 수 있는 권한을 법무부장관에게 부여하고 있습니다. 사무소장 또는 출장소장은 정치 활동을 하고 있는 것으로 인정되는 외국인을 발견한 때에는 지체 없이 그 사실을 법무부장관에게 보고하여야 합니다(출장소장이 하는 경우 관할사무소장을 거쳐야 합니다). 제3항에 따라 활동중지를 명하고자 하는 때에는 활동중지명령서에 활동을 즉시 중지것과 이를 이행하지 아니하는 때에는 강제퇴거 등의 조치를 한다는 뜻과 그 밖에 필요한 사항을 기재해 법무부장관이 이를 직접 교부 하거나 사무소장 또는 출장소장을 거쳐 해당 외국인에게 교부하여야 합니다. 사무소장 또는 출장소장이 활동중지 명령서를 교부하는 때에는 수령증을 받아야 하며 필요하다고 인정되는 때에는 해당 소속 단체의 장 또는 신원 보증인을 입회하게 하여 중지 명령을 지키도록 촉구할 수 있습니다.

2. 불법체류 불복

불법체류자라고 하더라도 보호조치에 대한 이의신청이 인정됩니다. 「출입국관리법」 제55조는 법무부장관에게 보호에 대한 이의신청을 할 수 있도록 규정하고 있습니다. 보호에 대한 이의신청 이외에 강제퇴거에 대하여도 이의신청을 인정하고 있지만, 입국 거부조치에 대하여는 이의신청제도가 없는 반면 보호(강제퇴거)에 대하여는 이의신청을 인정하고 있습니다. 이는 입국거부는 국가의 주권 재량행위로서 외국인의 권리가 인정되지 않는 점에 비추어 이의신청 제도를 둠이 타당하지 않음을 고려한 것이고 보호조치에 대하여는 보호가 행정목적을 달성하려는 행정절차임을 분명하게 하면서 신체의자유가 적법절차를 위반하여 제한될 수 있는 상황을 사전에 예방하려는 목적에서 이의신청을 인정한 것입니다.

더 나아가 「출입국관리법」상 외국인에 대한 보호명령은 행정상 즉시 강제 또는 직접 강제에 해당하고 권력적 사실행위의 성질을 갖는 처분이므로 처분의 위법, 부당함을 주장하는 경우에는 행정심판을, 위법함을 주장하는 경우에는 행정소송을 제기할 수 있습니다.

강제퇴거는「출입국관리법」을 위반한 국내 체류 외국인에 대하여 대한민국 밖으로 강제적으로 퇴거하도록 하는 것입니다. 국가는 외국인이 입국한 후 실정법에서 정한 각종 의무와 조건 등을 위반하는 경우에 그 국가에서 거주 또는 일시체류를 중지시키고 강제적인 수단을 동원하여 본국 혹은 제3국으로 퇴거하도록 할 수 있습니다.

반면 외국인이 이미 국내에서 생활관계가 마련되거나 이루어지기 전에 취해지는 조치로써 입국금지는 국가 또는 사회의 이익에 반하는 외국인의 입국을 사전에 방지하기 위하여 입국 요건을 갖추지 못한 외국인을 공항 만에서 차단하는 국가의 행위입니다. 강제퇴거가 이미 국내에서 생활관계가 이루어진 후에 취해지는 조치라는 점에서 입국금지에 비해 그 제한의 정도가 크다고 할 수 있습니다.「출입국관리법」은 법무부장관이 공중위생, 국가의 이익이나 국가 안전, 일본전범, 이민관리 등의 사유로 외국인에 대하여 입국을 금지할 수 있도록 규정하고 있습니다(동법 제11조).

외국인이 입출국단계에서 유효한 여권 등을 소지하지 않았거나 불법적으로 입출국하는 경우, 합법적으로 입국하였으나 체류단계에서 등록의무 위반, 체류자격에 부합하지 않는 활동을 하는 경우, 금고 이상의 형의 선고 받은 경우와 같이「출입국관리법」을 위반하거나 체류자격이 없는 자 및 범죄를 저지른 자에 대하여는 대한민국 밖으로 강제퇴거를 시킬 수 있습니다(동법 제46조). 강제퇴거를 받은 외국인은 주거 및 재산, 직업 등 거주지로부터 형성된 모든 생활기반을 박탈당하게 되고 국내에 가족과 함께 거주하고 있었던 경우에는 가족과도 분리됩니다. 국내에서 외국인 부부가 체류하던 중에 부부 중 일방이 강제퇴거를 당하거나 부모와 자녀가 함께 체류하던 중에 부모만 강제퇴거를 당하는 경우 또는 자녀만 강제퇴거를 당하게 되는 경우가 해당합니다.

외국인이 국내에서 가족들과 체류하다가 국외로 출국한 뒤 다시 입국하고자 하는 경우에 입국이 금지된다면 이 역시 가족이 분리되는 결과를 낳습니다. 이러한 미등록 상태의 외국인은 강제퇴거 대상자에 해당하고, 가족구성원 중 일부만이 강제퇴거 되는 경우 강제적인 가족의 분리로 이어지게 되는 것입니다. 그러나「출입국관리법」은 강제퇴거 또는 입국 금지 시에 가족결합을 고려하도록 하는 보호 규정을 두고 있지 않습니다. 이로 인해 외국인에 대한 강제퇴거 또는 입국 금지라는 국가의 공적 처분으로 인하여 가족이 분리되고 이로 말미암아 가족이 해체되는 결과가 야기될 수 있는 것이며 가족결합권이라는 사적 권리의 실현에 있어서도 문제가 됩니다.

출입국관리법은 공적 처분에 해당하는 강제퇴거와 외국인의 사적권리를 구별하지 않음으로써 가족결합권을 제약하는 결과가 나타나고 있음에도 불구하고 이에 대한 아무런 보호규정도 두고 있지 않습니다. 출입국제도는 국가의 영토고권에 따른 국가의 권리이지만, 절대적인 것은 아니고 일정한 한계가 따릅니다. 외국인의 입국을 금지하거나 강제퇴거의 경우에도 외국인의 기본권은 보호되어야 하기 때문입니다.

국가의 영토고권에서 나오는 외국인의 추방권과 외국인의 사적권리에 속하는 가족결합권은 별개의 문제로써 양자모두 존중되고 보호되어야 하므로 국내법에 규정한 입국 금지 및 강제퇴거 사유가 정당하고 그러한 사유에 해당하는 경우에도 적법한 절차에 따라 행사되어야 하는 한계가 있습니다.

국민뿐만 아니라 외국인의 경우에도 그 가족과 함께 살 권리, 즉 가족결합권을 가지고 있으며 국가의 영토고권에 따른 출입국정책에 의해 외국인의 가족동반 및 가족초청을 금지하거나 입국금지 및 강제퇴거로 인해 가족이 분리되는 경우 가족결합권의 제약이 발생할 수밖에 없습니다.

국가는 영토고권에 따라 국경을 건너는 사람의 이동을 통제하고 규율할 권리를 가지므로 국가는 누구를 국내로 들여보낼지, 국내로부터 국외로 추방할 것인가를 결정할 권한을 가집니다. 그리하여 국가는 출입국정책을 통하여 입국자의 수나 입국의 조건들을 규정하며 입국한 자들의 잔류할 권리 및 잔류할 수 없는 사유를 정하게 됩니다. 그러나 국가가 출입국관련규범과 정책을 결정하고 시행할 권리는 무제한 인정되는 것은 아니고 경우에 따라서 제한될 수 있습니다.

출입국정책에 의한 외국인의 기본권 제약이 정당화되기 위해서는 국가는 누구의 입국을 허용할 것인지, 추방에 있어서 그 목적과 사유 및 절차 등 여러 가지 요소와 개인의 사적권리로서 가족결합권을 고려하여 어느 권리를 우선할 것인지에 대한 합리적 판단이 필요합니다.「헌법」제37조 제2항에 의하면 모든 자유와 권리는 국가안전보장 질서유지 또는 공공복리를 위하여 필요한 경우에 한하여 법률로써 제한할 수 있습니다. 따라서 국가는 법률에 따라 국가안전보장 질서유지 또는 공공복리를 위하여 국가안전을 위태롭게 하거나 질서유지 또는 공공복리를 해할 우려가 있는 외국인의 입국을 제한하거나 강제퇴거 시킬 수 있습니다.

외국인노동자의 가족에 대한 입국을 허용할 경우, 외국인노동자에게 동반되는 가족의 수를 예측할 수 없어 예상치 못한 외국인의 유입이 증가할 것이고 이로 인해국가는 많은 사회적 비용을 부담하게 될 우려가 있습니다. 그러나 외국인 및 그와 혼인한 배우자와 자녀로 이루어진 가족의 경우에 그 가족의 입국을 허용하지 않거나 가족의 생계를 담당하고 있는 외국인이 강제퇴거 되거나 출국 후 재입국이 허용되지 않는다면 가족이 분리될 뿐만 아니라 별거와 실직이라는 상황에 이중적으로 내몰리게 되어 궁극에는 가족의 보호적 기능이나 연대적 기능 혹은 경제적 기능의 상실 또는 약화로 가족의 해체를 초래할 수 있습니다.

외국인을 추방하거나 입국을 금지시키는 경우에 그 외국인과 가족의 분리로 인하여 겪는 고통에 더하여 가족이 해체되는 경우에는 가족 구성원, 특히 성징기에 있는 자녀의 발달에 미치는 영향은 매우 부정적입니다. 따라서 국가안전보장 질서유지 또는 공공복리를 위하여 외국인의 출입국을 제한하는 경우에도 외국인에게 있어서 가족동반을 허용하지 않거나 입국금지 및 강제퇴거와 같은 제한은 결국 가족의 분리로 이어질 수 있고, 이는 국가의 출입국관리제도에 따른 강제적인분리에 해당하므로 외국인의 가족결합권이 반드시 고려되어야 합니다.

3. 외국인 고용의 제한

출입국관리법 제18조(외국인 고용의 제한) 제1항은 외국인이 대한민국에서 취업하려면 대통령령으로 정하는 바에 따라 취업활동을 할 수 있는 체류자격을 받아야 한다. 제2항 제1항에 따른 체류자격을 가진 외국인은 지정된 근무처가 아닌 곳에서 근무하여서는 아니 된다. 제3항 누구든지 제1항에 따른 체류자격을 가지지 아니한 사람을 고용하여서는 아니 된다. 제4항 누구든지 제1항에 따라서 체류자격을 가지지 아니한 사람의 고용을 알선하거나 권유하여서는 아니 된다. 제5항 누구든지 제1항에 따른 체류자격을 가지지 아니한 사람의 고용을 알선할 목적으로 그를 자기 지배하에 두는 행위를 하여서는 아니 된다. 라고 규정하고 있습니다.

외국인이 국내에 입국하여 체류하는 목적은 관광, 교육, 취업 등으로 다양하며, 그 중에서 취업이 상당한 비중을 차지하고 있습니다. 외국인의 취업 활동은 국내 고용시장에 미치는 영향은 크므로, 출입국관리법은 외국인의 취업 및 고용에 대해 규정하고 있습니다. 우선 출입국관리법 제18조는 제17조 제1항에 따라 체류하는 외국인이 취업활동을 하기 위해서는 반드시 취업활동을 할 수 있는 체류자격을 가지고 있어야 하고 지정된 근무처에서 근무토록 하고 있습니다.

또한 외국인의 취업활동은 필연적으로 고용(雇用)을 전제로 하고 있으므로 고용주에게 외국인에 대한 취업활동과 관련하여 일정한 의무를 부과하고 있습니다.

취업이라 함은 타인에 의해 고용되어 보수를 목적으로 수행하는 계속적·반복적인 활동으로 스스로 사업자가 되어 행하는 경영 활동이나 투자 활동을 포함하지 아니합니다. 외국인에게는 모든 업종의 취업활동을 할 수 있도록 하고 있지는 아니하며 취업 직종에서의 국민과의 대체성 및 국내 고용 사정 등 제반 환경을 참작하여 필요하다고 인정되는 일부 직종에 한하여 외국인이 취업활동을 할 수 있도록 하고 있습니다. 통상적으로 일회적인 강의나 방송 출연 등은 반복성이 없어 취업 활동으로 보지 않으나 1회를 하더라도 반복할 의사로 보수를 수반하는 활동을 하는 경우에는 취업 활동으로 볼 수 있습니다.

우리나라는 외국인에 대해 취업활동을 할 수 있는 체류자격을 받도록 하고 있으며 이러한 체류자격은 통상적으로 사증발급이나 체류자격 변경 등 체류 허가 절차를 통하여 부여됩니다. 출입국 관리법 시행령 제7조 제3항에서 사증을 발급받고자 하는 자에게 관계 중앙 행정기관의 장으로부터 추천서를 발부받아 제출하게 하거나 같은 조 제5항에서 취업활동을 할 수가 있는 체류자격에 해당하는 사증을 발급하는 경우에 반드시 국내 고용사정을 고려하도록 하고 있습니다.

위 제1항은 제17조 제1항의 "외국인은 체류자격과 체류기간의 범위에서 대한민국에 체류할 있다" 는 일반원칙을 구체화하여 외국인이 대한민국에서 취업하고자 할 때에는 대통령령이 정하는 바에 따라 취업활동을 할 수 있는 체류자격을 받도록 규정하고 있으며 제1항을 위반한 자에 대하여는 3년 이하의 징역이나 금고 또는 2천만 원 이하의 벌금에 처하고(출입국관리법 제94조 제8호), 출입국관리법 제46조 제1항 제8호에 따라 강제퇴거대상자에 해당됩니다. 제18조 제1항에서의 "취업활동을 할 수 있는 체류자격" 이란 시행령 별표 1 중 단기취업(C-4), 교수(E-1)부터 특정활동(E-7)까지, 비전문취업(E-9), 선원취업(E-10) 및 방문취업(H-2) 체류자격을 말하며 이 경우 "취업활동" 해당 체류자격의 범위에 속하는 활동을 말합니다.

관광취업(H-1)의 자격에 해당하는 자가 취업활동을 하는 경우도 포함합니다.

위에 기재된 체류자격을 소지한 자는 해당 체류자격의 범위에 속하는 취업활동만을 할 수 있습니다. 주재(D-7)부터 무역경영(D-9)까지의 체류자격을 가진 자의 체류 활동이 성격상 영리활동에 해당하는 경우도 있으나 이는 경영이나 투자활동으로서 취업활동에는 해당되지 아니하므로 출입국관리법은 취업활동을 있는 체류자격과는 별개로 규정하고 있습니다. 한편 시행령 별표 1 거주(F-2)자격의 가목부터 다목까지 자목부터 카목까지의 어느 하나에 해당하는 자와 재외동포(F-4) 영주(F-5)의 자격에 해당하는 자는 별표 1 체류자격 구분에 따른 취업활동의 제한을 받지 아니합니다. 다만, 재외동포(F-4)의 자격에 해당하는 자는 허용되는 취업활동이라도 국내법령에 의해 일정한 자격을 요하는 때에는 자격을 갖추어야 하고, (1) 단순 노무행위를 하는 경우 (2) 사행행위 선량한 풍속 기타 사회 질서에 반하는 행위를 하는 경우 (3) 기타 공공의 이익이나 국내 취업질서 등의 유지를 위하여 취업을 제한할 필요가 있다고 인정되는 경우에는 취업활동에 제한을 받습니다.

그러나 시행령 제23조의 "체류자격 구분에 따른 활동(취업활동) 제한을 받지 아니한다" 의미가 취업활동을 포함한 모든 체류활동이 가능하다는 것으로 해석하는 데는 무리가 있습니다. 왜냐하면 출입국관리법 제10조 제1항에서 체류자격을 대통령령으로 정하도록 함에 따라 대통령령(시행령 제12조의 별표 1)에서는 체류자격별 해당자 및 활동범위를 구체적으로 규정하고는 있으나 이는 모든 인간 활동을 포섭하고 있지 않습니다. 또한 출입국관리법 제17조 제1항에서는 '외국인은 그의 체류자격과 체류기간 내에서' 체류 하도록 규정하고 있으므로 현행과 같이 대통령령(시행령 제23조)으로 특정 체류자격을 '체류자격 구분에 따른 활동의 제한을 받지 아니하도록 규정" 하여도 이는 시행령 별표 1에서 정하는 체류자격 범위 내의 활동에 국한되어 별표 1에서 정하고 있는 활동을 초과할 수 없다고 봅니다. 따라서 이와 같은 규정은 법률로 정하여야 사항이라고 봅니다.

위 제2항은 취업활동을 할 수 있는 체류자격을 가진 외국인이라 하더라도 반드시 지정된 근무처에서 근무하도록 하고 있습니다. 이는 무질서한 취업활동을 방지하기 위한 규정입니다. 근무처는 취업 활동을 할 수가 있는 체류자격을 가진 외국인이 사증이나 해당 체류자격을 받는 때 지정되는 바 근로계약에 따라 고용주로부터 근무에 대한 지휘·감독을 받는 공·사 단체 또는 기업 등을 말합니다. 근무처 지정은 별도의 행정행위를 말하는 것은 아닙니다. 제2항을 위반한 외국인에 대하여는 1년 이하의 징역이나 금고 또는 1천만 원 이하의 벌금에 처하고(출입국관리법 제95조 제5호), 출입국관리법 제46조 제1항 제8호의 강제퇴거명령 대상자에 해당됩니다. 여기에서 제2항을 위반한 경우란 고용관계의 변동 없이 동일한 체류자격의 취업활동 범위 내에서 지정된 근무처가 아닌 다른 장소에서 근무하는 경우로 보는 것이 타당합니다. 왜냐하면 제2항을 위반한 외국인은 처벌할 수 있는 반면 그를 고용한 자에 대한 처벌규정이 없을 뿐만 아니라 해당 체류자격 범위 내에서 고용주가 변경되어 근무처가 변경되는 경우에는 별도로 출입국관리법 제21조에서 규율하고 있기 때문이며 해당하는 외국인에 대한 벌칙도 동일 체류자격 내에서 사전에 허가 없이 근무처를 변경 또는 추가한 경우와 같이 1년 이하의 징역이나 1천만 원이하의 벌금으로 규정되어 있습니다.

따라서 취업활동을 할 수 있는 특정 체류자격을 가진 외국인이 체류자격의 활동 범위를 벗어나서 다른 분야에 취업하는 경우에는 제1항의 위반으로 처벌이 가능합니다. 다시 말해 예술흥행(E-6) 자격을 가진 외국인이 분야가 아닌 영어 회화강사로 취업한 경우에는 "취업할 수 있는 체류자격" 에 해당되지 않습니다. 이와 같은 취지로 볼 때 제18조 제2항은 "고용주 변경 없이 동일한 체류자격의 활동범위 내에서 근무처(장소) 변경하는 경우" 규제하려는 취지로 이해하는 것이 상당합니다.

위 제3항은 취업활동을 할 수가 있는 체류자격을 가지지 아니한 외국인을 고용하여서는 아니 된다는 규정으로 제3항을 위반한 자는 3년 이하의 징역이나 금고 또는 2,000천만 원 이하의 벌금에 처해 집니다(출입국관리법 제94조 제9호). 제3항의 주체는 내·외국인 또는 개인·법인을 불문합니다. 다시 말해서 가사보조인으로 활동을 할 수가 있는 체류자격을 가지지 아니한 자를 일반 가정에서 가사보조인으로 고용하는 경우에도 제3항의 의무를 위반한 것으로 볼 수 있고 따라서 일정한 취업체류자격을 가진 외국인을 체류자격 활동범위를 벗어난 다른 분야에서 고용한 경우에도 제3항을 위반한 것이 됩니다. 일부에서는 "제1항에 따른 체류자격" 이 "취업활동을 할 수가 있는 체류자격" 이므로 외국인이 어떤 종류든 취업활동을 할 수 있는 체류자격만 가지고 있으면 고용할 있지 않느냐고 주장하기도 합니다.

그러나 대통령령에 위임된 취업활동을 할 수 있는 체류자격은 각각의 활동범위가 정해져 있으며 제17조에서 외국인은 체류자격과 체류기간의 범위에서 대한민국에 체류할 있도록 규정하고 있으며 법률 위임에 따라 취업활동을 할 수가 있는 체류자격이 무엇인지를 정하고 있는 출입국관리법 시행령 제23조 제1항에서는 "취업활동" 해당 체류자격의 범위에 속하는 활동으로 규정을 하고 있으므로 이를 벗어나게 되면 체류자격이 없는 불법취업이 되고 고용주는 불법 고용이 되어 각각 출입국관리법 제18조 제1항 및 제3항에 위반되는 것으로 보는 것이 타당합니다.

고용은 당사자의 일방이 상대방에 대하여 노무를 제공할 것을 약정하고 상대방이 이에 대하여 보수를 지급할 것을 약정함으로써 효력이 발생하는 계약으로 사용자의 지휘·명령에 따라 노무를 제공하는 종속적인 노동계약을 말합니다. 고용 계약서를 명시적으로 작성한 사실은 없다고 하더라도 실질적으로 관계가 있으면 제3항의 고용으로 볼 수 있습니다. 최근에는 고용주와 사용주가 분리되는 근로자파견계약 등으로 계약 유형이 다양해지고 있어 위반자에 대한 처벌 범위를 확정하기 어려운 난점이 있으나 행위자가 위반의 정범이 아니라고 판단되더라도 종범(교사범과 방조범) 해당하지는 않는지 살펴보아야 합니다.

실무에서는 이를 '불법체류' 라고 합니다.

위 제4항은 취업활동을 있는 체류자격을 가지지 아니한 외국인을 직접 고용한 자는 아니더라도 고용을 알선하거나 권유하여서는 아니 된다는 규정입니다. 알선이나 권유를 업(業)으로 하는지 여부를 불문합니다. 다만 업으로 하는지 여부에 따라 처벌을 달리하고 있습니다. 다만 제4항의 규정을 위반하여 취업활동을 할 수 있는 체류자격을 가지지 아니한 외국인의 고용을 알선 권유한 업으로 하는 자에게는 3년 이하의 징역이나 금고 또는 2천만원 이하의 벌금에 처하고(출입국관리법 제94조 제6호) 업으로 하지 아니한 자에 대하여는 500만원 이하의 벌금에 처합니다(출입국관리법 제97조 제1호)에 의하여 형벌에 있어 차이를 보이고 있습니다. 제5항은 취업활동을 할 수 있는 체류자격을 가지지 아니한 자의 고용을 알선할 목적으로 그를 자기 지배하에 두어서는 아니 된다는 의무를 부과하고 있습니다.

지배하에 둔다는 것은 사실상의 영향력을 행사하여 외국인의 의사와 행동을 좌우할 수가 있는 상태에 두는 것을 의미하며 밀입국자를 자신의 거주지에 숨겨두고 도망을 가지 못하게 하는 경우 등이 이에 해당됩니다. 지배하에 둔다는 것은 유·무형의 강제력을 행사해 자신의 영향에서 벗어날 수 없게 하는 것을 말합니다.

위 제5항을 위반하는 자는 3년 이하의 징역이나 금고 또는 2천만 원 이하의 벌금에 처하게 된다(출입국관리법 제94조 제11호).

제2장 불법체류 구제방법

1. 체류자격의 활동

출입국관리법 제20조(체류자격 외 활동) 대한민국에 체류하는 외국인이 그 체류자격에 해당하는 활동과 함께 다른 체류자격에 해당하는 활동을 하려면 대통령령으로 정하는 바에 따라서 미리 법무부장관의 체류자격 외 활동허가를 받아야 한다. 라고 규정하고 있습니다.

체류자격은 1인 1체류자격이 국제적인 관례이며 우리나라의 경우에도 명문으로 규정하고 있지는 않지만 관행으로 제도화된 원칙입니다. 그러나 출입국관리법 제20조는 이 원칙의 예외라고 볼 수 있습니다. 제20조는 대한민국에 체류하는 외국인이 기존에 부여받은 체류자격에 해당하는 활동과 병행하여 부수적으로는 다른 체류자격에 해당하는 활동을 하기 위해서 미리 법무부장관에게 받아야 하는 '체류자격 외 활동허가' 에 대한 규정입니다.

외국인은 자신에게 부여된 체류자격과 체류기간의 범위 내에서 대한민국에 체류할 있으며(출입국관리법 제17조 제1항) 취업할 수 있는 체류자격을 가진 경우에는 지정된 근무처 외에서 근무하여서는 아니 됩니다. 따라서 자신에게 부여된 체류자격에 해당하는 활동과 병행해 부수적으로 다른 체류자격에 해당하는 활동을 하고자 때에는 미리 법무부장관의 '체류자격 외 활동허가' 받아야 합니다. '체류자격 외 활동허가' 등록 외국인에 한정되는 개념이 아님에 유의 하여야 합니다. 한편 체류자격 외 활동허가는 자신의 체류자격에 해당하는 활동(주된 활동을 말합니다)과 병행하는 부수적인 활동을 하기 위한 것으로 부수적인 활동의 범위를 넘어서는 경우에 체류자격 변경허가를 받아야 합니다(시행규칙 제29조), 현행 법령과 지침에서 '부수적인' 활동을 판단할 명확한 기준이 규정되어 있지 않으므로 활동의 형태, 영리활동 유무, 활동의 정도 등을 종합적으로 고려하여 판단 기준을 마련할 필요가 있습니다.

체류자격 외 활동허가를 받아야 하는 활동의 범위를 취업 등 영리활동으로 한정할 것인지 영리 여부와 관계없이 모든 활동으로 해석해야 것인지의 문제가 있습니다. 문리적으로는 영리활동에 한정하지 않고 있으나, 영리 목적이 아닌 활동(자원봉사 유학)이나 인간으로서 당연히 누려야 활동(관광 종교 활동 등)은 '체류자격 외 활동허가' 를 받아야 하는 활동에서 당연히 제외가 되는 것이 합리적이라고 봅니다.

2. 근무처의 변경·허가

출입국관리법 제21조(근무처의 변경 · 추가) 제1항 대한민국에 체류하는 외국인이 그 체류자격 범위에서 그의 근무처를 변경하거나 추가하려면 대통령령으로 정하는 바에 따라 미리 법무부장관의 허가를 받아야 한다. 다만, 전문적인 지식 · 기술 또는 기능을 가진 사람으로서 대통령령으로 정하는 사람은 근무처를 변경하거나 추가한 날부터 15일 내에 대통령령으로 정하는 바에 따라 법무부장관에게 신고하여야 한다. 제2항 누구든지 제1항에 따른 근무처의 변경허가 · 추가허가를 받지 아니한 외국인을 고용하거나 고용을 알선하여서는 아니 된다. 다만, 다른 법률에 따라 고용을 알선하는 경우에는 그러하지 아니하다. 제3항 제1항의 단서에 해당하는 사람에 대하여는 출입국관리법 제18조 제2항을 적용하지 아니한다. 라고 규정하고 있습니다.

위 제21조에는 일정한 근무처를 가지고 있는 외국인이 그가 가진 체류자격의 활동범위 내에서 별도의 계약 등에 따라서 근무처를 어동하거나 기존의 근무처 외에 다른 근무처를 추가하려는 경우를 규율하는 규정입니다. 따라서 근무처 변경·추가란 기존에 근무처를 가진 외국인이 동일한 체류자격의 범위 내에서 근무처를 변경하거나 근무하고 있는 근무처에 추가하여 복수의 근무처에서 활동하는 것을 말하므로 신청할 당시에 근무처를 가지고 있지 아니한 외국인은 제외된다고 할 수 있습니다. 또한 위 제21조에서의 "근무처" 반드시 제18조에 따른 취업활동을 하는 근무처일 필요는 없습니다. 다만, 단체 등에 소속된 문화예술(D-1)유학(D-2) 일반연수(D-4)부터 무역경영(D-9)의 자격에 해당하는 자 중 일부는 근무처로 보기 곤란한 점을 고려하고 일부는 국익 차원에서 근무처 변경·추가 허가를 받는 대신에 출입국관리법 시행규칙 제49조의2 에 따라 외국인등록사항 변경신고 사항으로 갈음하도록 하고 방문취업(H-2) 체류자격의 경우에는 취업활동을 하는 체류자격임에도 불구하고 외국인 근로자의 고용 등에 관한 법률 제12조 제7항에서 본 조항을 적용을 배제하고 있으므로 역시 외국인등록사항 변경신고 사항으로 규정하고 있습니다.

외국인이 근무처를 추가 또는 변경하기 위해서는 미리 법무부장관의 허가를 받아야 합니다. 다만, 대통령령으로 정하는 전문적인 지식·기술 또는 기능을 가진 사람은 근무처를 변경·추가한 날부터15일 이내에 법무부장관에게 신고해야 합니다. 이와 관련 시행령 제26조의2에서는 전문적인 지식·기술 또는 기능을 가진 사람을 체류자격 교수(E-1)부터 특정활동(E-7)까지의 어느 하나에 해당하는 체류자격을 가진 사람으로 규정하고, 구체적 기준은 법무부장관이 고시하도록 하고 있습니다. 따라서 외국인이 기존 계약 등을 종료하고 다른 근무처와 계약한 경우에는 출국한 후 다시 사증을 발급받아 입국하는 것이 원칙이나 이 같은 절차를 생략하고 국내에서 근무처를 변경할 있도록 하는 것이 근무처의 변경 제도입니다. 또한 근무처의 추가는 근무처를 변경하는 것이 아니라 기존 근무처를 유지한 동일한 체류자격 범위 내에서 부수적으로 근무처를 추가할 필요가 있는 경우를 위해 마련된 규정입니다.

따라시 근무처 추가 허가는 근무처에시 활동에 지장이 없는 범위에시민 허가하고 있습니다. 이와 같이 근무처의 변경·추가 허가는 동일한 체류자격 범위 내의 활동인지 여부가 체류자격 외 활동 허가(출입국관리법 제20조) 또는 체류자격변경허가(출입국관리법 제24조)를 구별하는 기준이 됩니다.

또한 법률에 의하지 아니하고는 누구든지 근무처의 변경 또는 추가 허가를 받지 아니한 외국인을 고용하거나 고용을 알선하여서는 아니 됩니다(제2항)'취업할 수가 있는 체류자격'과'근무처 지정·제한'은 고용과 피고용 관계를 전제합니다. 근무처의 변경·추가 허가를 받지 않은 외국인을 고용하거나 고용을 알선하는 행위도 금지하려는 것입니다. 제2항의 단서와 관련하여 외국인 근로자의 고용 등에 관한 법률에 따라 직업안정기관의 장이 비전문취업(E-9) 외국인 근로자를 채용하려는 고용주에게 고용허가서를 발급하는 일련의 행위를'다른 법률에 의하여 고용을 알선하는 때'로 볼 수 있는 것인지가 문제됩니다.

출입국관리법 제21조를 위반하여 허가를 받지 아니하고 근무처를 변경·추가한 사람 또는 제21조 제2항을 위반하여 근무처의 변경허가 또는 추가허가를 받지 아니한 외국인을 고용한 사람은 1년 이하의 징역이나 금고 또는 1천만 원 이하의 벌금에 처합니다(출입국관리법 제95조 제6호). 출입국관리법 제21조 제2항의 규정을 위반하여 근무처의 변경허가 또는 추가허가를 받지 아니한 외국인의 고용을 알선한 사람(업으로 알선한 사람 제외합니다) 500만원 이하의 벌금에 처하고(출입국관리법 제94조 제2호), "업으로 알선한 사람" 3년 이하의 징역이나 금고 또는 2천만 원 이하의 벌금(출입국관리법 제94조 제13호) 처하도록 규정하고 있습니다.

3. 활동범위의 제한

출입국관리법 제22조(활동범위의 제한) 법무부장관은 공공의 안녕질서나 대한민국의 중요한 이익을 위하여 필요하다고 인정하면 대한민국에 체류하는 외국인에 대하여 거소(居所) 또는 활동의 범위를 제한하거나 그 밖에 필요한 준수사항을 정할 수가 있다. 라고 규정하고 있습니다.

국가에게 외국인의 입국 체류를 보장할 의무는 인정되지 않는다는 것어 원칙입니다. 그러나 헌법재판소 결정 례에서는 기본권은 외국인이라 하더라도 법률 등에 의하여 특별 제한되는 경우를 제외하고는 국민과 동일하게 보장 되어야 한다고 밝히고 있습니다. 따라서 국내에 체류하는 외국인에 대한 활동의 제한은 법률에서 범위를 정하여 제한할 수 있습니다.

출입국관리법 제22조는 국내에 적법하게 체류하고 있는 외국인에 대해 공공의 안녕질서 또는 중요한 국익을 위해 필요하다고 인정되는 경우 거소 또는 활동의 범위를 제한하거나 필요한 준수사항을 정할 수 있음을 규정하고 있습니다. 한편 제22조의 "공공의 안녕질서" , "중요한 국익" 등은 포괄적인 성격의 개념으로서 이는 모든 현상을 포섭할 없는 법기슐상의 제약에 따른 것입니다. 다만, 거주이전의 자유, 행복 추구권 등 기본권의 제한과 관련된다는 점에서 비례의 원칙 등에 따라 엄격히 적용해야 합니다.

시행령 제27조에서는 법무부장관이 외국인에 대해 거소 또는 활동범위를 제한하거나 준수사항을 정한 때에는 해당 외국인에게 제한(준수)사항과 이유가 기재된 '활동범위 제한통지서' 교부하도록 하고 있습니다(제1항), 본인 부재 등 본인에 직접 교부할 수 없는 사유가 있는 경우에 동거 또는 소속 단체의 장에게 교부하고(제2항) 긴급을 요하는 경우 구두로 통지할 수 있으나 지체 없이 통지서를 교부하도록 하고 있어(제3항) 이 같은 제한 등의 불이익 조치는 서면에 의할 것을 규정하고 있습니다.

출입국관리법 제22조의 규정을 위반한 자는 3년 이하의 징역이나 금고 또는 2천만원 이하의 벌금에 처합니다(출입국관리법 제94조 제14호), 이와 관련하여 정치활동 금지를 규정하고 있는 제17조 제2항을 위반한 자에 대하여는 강제퇴거 대상으로 규정하고 있을 뿐이고 별도로 처벌규정이 없다는 점을 상기할 필요가 있습니다.

4. 체류자격 부여

출입국관리법 제23조(체류자격 부여)제1항 다음 각 호의 어느 하나에 해당하는 외국인이 제10조에 따라서 체류자격을 가지지 못하고 대한민국에 체류하게 되는 경우에는 다음 각 호의 구분에 따른 기간 이내에 대통령령으로 정하는 바에 따라서 체류자격을 받아야 한다.

1. 대한민국에서 출생한 외국인 : 출생한 날로부터 90일
2. 대한민국에서 체류 중에 대한민국의 국적을 상실하거나 이탈하는 등의 그 밖의 사유가 발생한 외국인 : 그 사유가 발생한 날로부터 60일 제2항 제1항에 따른 체류자격 부여의 심사기준은 법무부령으로 정한다. 라고 규정하고 있습니다.

외국인이 국내에 입국하기 위해서는 체류자격을 가져야 합니다(출입국관리법 제7조). 따라서 국내에 입국하여 체류하는 외국인은 체류자격을 당연히 가지고 있어야 합니다. 그러나 출생 국민의 외국적 취득 등 국내에서 발생한 사정으로 인하여 체류자격을 가지지 못한 채 대한민국에 체류하게 되는 경우가 발생할 수 있습니다. 출입국관리법 제23조는 이와 같은 경우를 고려하여 마련된 것입니다.

대한민국 내에서 신분과 관련한 특별한 사유의 발생으로 체류자격을 소지하지 못한 외국인은 출입국관리법 제23조에 따라서 법무부장관으로부터 '체류자격부여' 허가를 받아야 합니다. 국내에서 신분 취득·변경의 사유 발생으로 체류자격을 가지지 못하게 된 외국인이 국내에 계속 체류하기 위해서 국내에서 출생한 자는 출생한 날로부터 90일 이내에 기타의 경우는 사유가 발생일로부터 30일 이내에 체류자격부여 신청을 하여야 합니다.

국내에서 출생한 자의 경우, 30일은 여권발급 등 출생에 따른 체류 자격부여 절차를 이행하기에 기간이 부족하다는 지적에 따라서 출생한 날로부터 90일 이내에 체류자격부여 신청을 하도록 하였습니다. 따라서 체류자격부여의 신청 사유가 발생한 자가 그 신청기간 내에 출국하는 경우에 유효한 여권과 발생사유를 증명하는 서류를 지참하여 출국심사를 받을 있습니다. 한편 출입국관리법 제23조의 규정을 위반한 자는 3년 이하의 징역이나 금고 또는 2천만 원 이하의 벌금에 처합니다(출입국관리법 제94조 제15호).

5. 체류자격 변경 허가

출입국관리법 제24조(체류자격 변경허가)제1항 대한민국에 체류하고 있는 외국인이 그 체류자격과 다른 체류자격에 해당하는 활동을 하려면 대통령령으로 정하는 바에 따라 미리 법무부장관의 체류자격 변경허가를 받아야 한다. 제2항 제31조 제1항의 각 호의 어느 하나에 해당하는 사람으로서 그의 신분이 변경되어 체류자격을 변경하려는 사람은 신분이 변경된 날부터 30일 이내에 법무부장관의 체류자격 변경허가를 받아야 한다. 제3항 제1항에 따른 체류자격 변경허가의 심사기준은 법무부령으로 정한다. 라고 규정하고 있습니다.

국내에 체류하는 외국인어 기존 체류자격에 해당하는 활동을 마치고 다른 체류자격에 해당하는 활동을 하려는 경우 원칙적으로는 출국하여 새로 사증을 발급받아 입국하는 절차를 거쳐야만 하지만 출입국관리법 제24조는 당해 외국인의 편의 및 국가 이익 등을 고려하여 국내에 체류하면서 그의 체류자격을 변경할 수 있도록 허가하기 위한 규정입니다.

대한민국에 체류하는 외국인이 기존의 체류자격의 활동범위를 벗어나 다른 체류자격에 해당하는 활동을 하려면 미리 법무부장관으로부터 '체류자격변경허가' 받아야 합니다(제1항). 체류자격 변경허가는 예외적으로 국내에서 다른 체류자격으로 변경하는 설권행위이자 재량행위로 외국인이 체류 자격 변경허가를 받을 수 있다는 것을 보장한 것은 아니며 신청절차를 보장한다는 취지입니다.

따라서 법무부장관은 체류자격변경 신청이 있는 경우에 신청의 적격성 체류 목적 공익 등을 참작하여 허가 여부를 결정합니다. 따라서 출입국관리법 제31조 제1항 단서에 따라 외국인등록이 면제된 자가 신분의 변경되었지만 계속 체류하려는 경우에는 신분 변경일로부터 30일 이내에 체류자격변경 허가를 받아야 합니다(제2항). 다만 신분이 변경된 날부터 30일 이내에 출국하는 경우에는 체류자격 변경 등 별도의 허가를 받을 필요가 없습니다.

출입국관리법 제31조 제1항 단서의 각 호의 어느 하나에 해당하여 외국인등록이 면제 되는 자는 첫째, 주한외국공관(대사관과 영사관을 포함합니다) 국제기구의 직원 그의 가족 둘째, 대한민국 정부와의 협정에 의하여 외교관 또는 영사와 유사한 특권 면제를 누리는 자와 그의 가족 셋째, 대한민국 정부가 초청한 자 등으로서 법무부령이 정하는 자(출입국관리법 제31조 제1항) 등입니다. 제3항의 '법무부령으로 정하는 자'는 시행규칙 제45조 제1항에서 '외교·산업·국방 중요한 업무에 종사하는 그의 가족 기타 법무부장관이 특별히 외국인등록을 면제할 필요가 있다고 인정하는 자'로 규정하고 있습니다. 한편 캐나다인에 대해서는 협정에 따라 6개월 미만 문화예술(D-1), 종교(D-6), 방문동거(F-1), 동반(F-3), 기타(G-1) 자격에 해당하는 자에 대해 등록을 면제하도록 하고 있습니다.

체류자격변경허가를 받은 경우에는 이에 수반되는 체류기간도 당연히 새로 정해져야 하고 취업활동을 할 수 있는 체류자격으로 변경허가를 받은 경우에는 근무처도 지정되어야 하므로 시행령 제30조 제3항에서는 체류자격 외에'체류 기간' 과 '근무처' 허가인 등에 기재하도록 하고 있습니다. 출입국관리법 제24조의 규정을 위반한 자는 3년 이하의 징역이나 금고 또는 2천만 원 이하의 벌금에 처합니다(출입국관리법 제94조 제16호).

6. 체류기간 연장허가

출입국관리법 제25조(체류기간의 연장허가)제1항 외국인이 체류기간을 초과해 계속 체류하려면 대통령령으로 정하는 바에 따라 체류기간이 끝나기 전에 법무부장관의 체류기간 연장허가를 받아야 한다. 제2항 제1항에 따른 체류기간 연장허가의 심사기준은 법무부령으로 정한다. 라고 규정하고 있습니다.

이는 국내에 체류하는 외국인이 체류자격을 계속 유지하면서 기존에 부여된 체류기간을 초과하여 계속 체류하기 위해서 미리 법무부장관에게 받아 체류하여야 함을 규정한 것입니다. 체류기간연장 허가는 연장한 기간 동안 해당 체류자격 범위 내에서 국내에 체류할 있도록 하는 외국인에 대한 설권행위로서 허가권자가 신청의 적격성, 체류 목적, 공익 등을 참작하여 허가 여부를 결정할 있는 재량행위입니다. 한편 제25조의 취지는 외국인에게 체류기간 연장을 보장한다는 것이 아니라 그 신청절차를 보장한다는 것으로 이해하여야 합니다.

체류기간연장은 외국인이 체류자격에 해당하는 활동을 마치지 못함에 따라 체류자격을 유지하면서 국내에 계속해서 체류하고자 하는 경우에 허가합니다. 따라서 체류기간 연장허가의 신청은 그의 체류기간이 끝나기 전에 신청해야 합니다. 체류자격과 체류기간은 불가분의 관계로서 외국인은 주어진 체류기간까지 체류할 권리는 인정되지만 연장 받을 권리는 인정되지 아니하고 체류기간은 외국인이 일정한 목적으로 입국하여 활동목적이 달성되면 출국하여야 한다는 전제에 입각한 것이므로 외국인의 활동목적 고용관계 등을 고려하여 시행규칙 별표에 규정하고 있으며 따라서 원칙적으로 외국인은 정해진 체류 기간 이내에 출국할 의무가 있습니다. 또한 체류기간이 종료되면 그때부터 체류 자격을 잃는다고 봅니다.

다만 시행규칙 제32조는 체류자격에 해당하는 활동을 종료하고 출국하려고 하나 첫째, 국내 여행 신변 정리 등을 위해 일시적으로 체류하고자 하는 경우 둘째, 출국할 항공 선박 등이 없어서 부득이하게 일시 체류하고자 경우에는 예외적으로 출국을 위한 체류기간연장허가를 받을 있도록 규정하고 있습니다. 체류기간 연장 신청을 불허하는 때에는 체류기간연장 불허결정 통지서를 교부하고 발급일로부터 14일 이내의 출국기한을 명시해야 하나 필요한 경우에는 기존 체류기간의 만료일을 출국기한으로 정할 수 있습니다.

또한 체류기간연장 불허결정 통지서를 받은 자, 제67조에 따라 출국권고를 받은 자, 제68조에 따라 출국명령을 받은 자가 출국할 선박 등이 없거나 질병 그 밖에 부득이한 사유로 인하여 기한 내에 출국할 수 없음이 명백한 경우에 소명자료를 받아 선박 등이 없는 경우에는 법무부장관이 정하는 기간까지 그 밖의 경우에는 사유가 소멸할 때까지 출국기한을 유예할 있도록 하고 있습니다. 출입국관리법 제25조의 규정을 위반한 자는 3년 이하의 징역이나 금고 또는 2천만 원 이하의 벌금에 처합니다(출입국관리법제94조 제17호).

7. 출국권고 및 출국명령

(1) 출국권고

출입국관리법 제67조는 출국권고를 규정하고 있는데 이는 출입국사범으로서 비교적 그 위반 정도가 가벼운 외국인에게 자발적으로 출국할 것을 권고하는 제도로써 외국인은 부여받은 체류자격과 기간 내에서 그에 부합하는 활동만을 할 수 있으나 부여받지 않은 체류자격 활동을 한 경우「출입국관리법」제17조(외국인의 체류 및 활동범위)와 제20조(체류자격외 활동)를 위반한 것이 됩니다. 다만, 그 불법상태 기간이 짧고 최초 위반 등 참작할 사유가 있는 경우에는 외국인에게 출국권고를 할 수 있습니다.

출입국관리법 시행령 제81조(출국권고)에서 법률상 '그 위반정도가 가벼운 경우'를 동법 제17조 또는 제20조를 처음 위반한 사람으로서 그 위반기간이 10일 이내인 경우로 명시하고 있습니다. 출국권고는 통상 불법취업 등의 별도 불법행위 없이 체류 기간을 단순 도과한 외국인에게 부과 됩니다. 출국권고는 비교적 위반정도가 가벼운 외국인에게 부과되며 강제성을 띠지 않는다는 점에서 권리다툼 내지 보호 문제는 발생할 여지가 적습니다.

(2) 출국명령

출국명령은 출국권고와 달리 강제성을 띠는 행정처분이며 명령을 받는 외국인의 법 위반 정도 역시 출국권고 상황보다 높습니다. 우선 동법 제46조의 강제퇴거 대상자로서 자기 비용으로 자진하여 출국하려는 외국인이 출국명령의 대상이 될 수 있습니다.

출국권고를 받은 외국인으로서 그 이행을 하지 않은 자에게도 출국명령이 내려질 수 있습니다. 사증허가, 입국 및 상륙허가 등 각종 허가를 받았으나 거짓이나 부정한 방법으로 허가를 받았거나 그 조건을 위반한 경우에는 그 허가를 취소하게 되는데 이때 허가를 취소당한 외국인에 대하여도 출국명령을 할 수 있습니다.

법원은 상기와 같은 반론에도 불구하고 결론적으로는 원고의 청구를 인용하였는데 출국명령 처분으로 인하여 보호하고자 하는 전염병 예방이라는 공익의 달성여부는 확실치 아니한 반면 처분으로 인한 원고의 가족결합권을 포함한 행복추구권, 치료를 받을 가능성 등은 심각하게 침해될 것임이 분명하므로 처분의 재량의 일탈 남용이 인정된다고 하였습니다. 하지만 동 판례는 원고가 모친과 함께 생활하고 있는 상황을 고려한 것으로 보이며 다른 외국인에게 일반화하여 적용하기는 어렵다고 판단되었습니다.

(3) 강제퇴거명령

강제퇴거는 "불법" 상태에 있는 외국인에 대한 「출입국관리법」상 행정처분으로서는 가장 강력한 처분이라고 할 것입니다. 「출입국관리법」제46조 제1항에서 강제퇴거 사유를 열거하고 있습니다. 유효한 여권과 사증을 가지고 있지 않은 자(제1호), 허위초청으로 입국한 외국인 및 알선자(제2호), 입국금지 사유가 입국 후에 발견되거나 발생한 사람(제3호), 외국인을 불법 입·출국시키기 위해 선박 등, 여권, 사증, 탑승권 등을 제공한 자(제4호), 조건부 입국허가 요건을 위반한 사람(제5호), 상륙허가를 받지 않고 무단으로 상륙한 사람(제6호), 상륙허가 조건을 위반한 사람(제7호). 체류자격 및 기간 위반, 정치활동을 한 자, 외국인 고용제한 위반자, 체류자격외 활동 위반자, 체류 자격 부여, 변경 연장허가를 받지 아니한 자(제8호), 근무처변경, 추가 허가를 받지 아니하고 외국인을 고용, 알선한 사람(제9호). 법무부장관이 정한 거소 또는 활동범위의 제한이나 그 밖의 준수사항을 위반한 사람(제10호), 출국심사를 받지 않고 출국하려고 한 사람(제11호), 외국인 등록 의무를 위반한 사람(제12호), 금고 이상의 형을 선고받고 석방된 사람(제13호), 그 밖에 제1호부터 제13호까지의 규정에 준하는 사람으로서 법무부령으로 정하는 사람(제14호) 등이 강제퇴거 사유에 속합니다.

상기의 강세퇴서 사유를 유형별로 분류하면 첫째 외국인의 입출국 단계에서 유효한 여권 등을 소지하지 않았거나 불법적으로 입·출국하는 경우, 둘째 합법적으로 입국하였으나 체류단계에서 등록의무 위반, 체류자격에 부합하지 않는 활동을 하는 경우, 마지막으로 형사범죄를 저지른 경우 등으로 나누어 볼 수 있습니다. 강제퇴거 사유는 출입국사범과 형사범을 모두 포함하는 것으로 국내에 체류가 부적합한 외국인을 포괄하여 규정하고 있는 것으로 이해할 수 있습니다.

강제퇴거는 조사, 심사결정을 거치면서 확정되는데 조사를 거쳐 외국인에 대한 강제퇴거가 필요하다고 판단되면 「출입국관리법」시행령 제74조에 따라 사무소장 등은 강제퇴거명령서를 발급하여 해당 외국인에게 교부하여야 합니다.

강제퇴거명령을 받은 자의 일반적인 보호기간은 그 기간이 최대 20일까지로 규정되어 있으나 강제퇴거명령을 받은 자의 보호기간은 상한 규정이 없습니다. 강제퇴거명령이 내려지면 즉시 집행하는 것이 원칙이나「출입국관리법」제63조에 따라 강제퇴거명령을 받은 외국인이 여권 미소지 또는 교통편 미확보 등의 사유로 즉시 송환이 이루어질 수 없는 경우에는 송환할 수 있을 때까지 보호시설에 보호할 수 있습니다.

강제퇴거명령이 즉시 집행되지 못하는 상황은 해당 외국인의 신분이 확인되지 않아 여권 등의 증명서를 국적 대사관에서 발급받지 못하는 경우에 발생합니다. 여권 등의 신분증을 고의적으로 파기하고 신분확인을 계속해서 거부하면 보호가 지속될 수밖에 없습니다.「출입국관리법」제65조에 보호의 일시해제 규정을 두고 있는데 시행령상 심사기준으로 생명·신체에 중대한 위협이나 회복할 수 없는 재산상 손해가 발생할 우려가 있는지, 국가안전보장·사회질서·공중보건 등의 국익을 해칠 우려가 있는지, 피보호자의 범법사실·연령·품성, 조사과정 및 보호시설에서의 생활 태도, 도주 우려, 인도적 사유 등이 규정되어 있습니다.

그런데 기본적인 신원확인을 거부하는 피보호인은 어떠한 기준에 의하여도 일시해제 여부를 심사할 수 없습니다. 오히려 국익위해, 도주우려 등이 더 높다고 할 것입니다. 이러한 보호기간 연장의 불가피성을 고려하면 기간의 상한을 두는 것 자체가 불가능할 수밖에 없습니다. 관련 대법원 판례를 살펴보면 강제퇴거명령 대상자로 보호처분 중에 있는 자에 대하여 다른 고소사건을 수사하기 위하여 퇴거명령집행을 보류하고 보호기간을 연장하는 것은 위법하다고 판시하였습니다.

강제퇴거명령을 받은 자를 즉시 대한민국 밖으로 송환할 수 없는 때에 송환이 가능할 때까지 그를 외국인보호실, 외국인 보호소 기타 법무부장관이 지정하는 장소에 보호할 수 있도록 규정하고 있는바, 이 규정의 취지에 비추어 볼 때,「출입국관리법」제63조 제1항의 보호명령은 강제퇴거명령의 집행확보 이외의 다른 목적을 위하여 이를 발할 수 없다는 목적상의 한계 및 일단 적법하게 보호명령이 발하여진 경우에도 송환에 필요한 준비와 절차를 신속히 마쳐 송환이 가능할 때까지 필요한 최소한의 기간 잠정적으로만 보호할 수 있고 다른 목적을 위하여 보호기간을 연장할 수 없다는 시간적 한계를 가지는 일시적 강제조치라고 해석됩니다.

현행규정은 강제퇴거를 위한 보호를 여권 미소지, 교통미확보 등 물리적으로 강제퇴거 집행이 불가능한 상황을 전제로 하고 있어 다른 고소사건을 수사하기 위하여 보호기간을 연장하는 것은 대법원 판례와 같이 위법하다고 할 것입니다. 강제퇴거를 위한 보호가 일시해제 등의 사유가 없는 상태에서 정당화될 수 있음은 강제퇴거명령 및 강제퇴거 시까지의 보호명령에 대한 집행정지를 구하는 사건에서 그 논거를 찾아볼 수 있습니다. 유효한 여권과 사증을 소지하지 아니한 채 입국심사도 받지 아니하고 입국하였다는 이유로 한 강제퇴거명령 및 강제퇴거 시까지의 보호명령에 대한 집행정지를 구하는 사건에서 원심은 강제퇴거명령에 대하여는 신청인에게 회복하기 어려운 손해가 발생할 우려가 있음을 인정하여 그 집행을 정지시켰으나 보호명령에 관하여는 그 집행으로 인하여 신청인에게 회복하기 어려운 손해가 발생할 우려가 있다고 인정할 만한 자료가 없을 뿐만 아니라, 그 집행을 정지하여 신청인에 대한 보호를 해제할 경우 공공복리에 중대한 영향을 미칠 우려가 있다고 인정된다는 이유로 그 집행정지신청을 받아들이지 않았습니다. 대법원은 재항고 이유를 살피면서 원심이 강제퇴거명령을 받은 자를 즉시 송환할 수 없는 경우 일시적으로 보호하는 처분에 대하여 강제퇴거명령 집행이 정지되었다고 하여 당연히 보호에 대하여도 집행이 정지되지 않는다고 본 것은 타당하나 강제퇴거명령의 집행이 정지되었다면, 강제퇴거명령의 집행을 위한 보호 명령의 보호기간은 결국 본안소송이 확정될 때까지의 장기간으로 연장되는 결과가 되어 그 보호명령이 그대로 집행된다면 신청인은 본안소송에서 승소하더라도 회복하기 어려운 손해를 입게 됩니다.

원심은 보호명령의 집행으로 인하여 신청인에게 회복하기 어려운 손해가 발생할 우려가 있다고 인정할 만한 자료가 없다고 판시함으로써, 손해발생에 대한 소명을 요구하고 있는바"의사에 반하여 보호되어 있다는 사실 자체에서 막심한 정신적 손해를 입을 수 있으므로 더 나아가 구체적으로 어떠한 개별적인 손해를 입을 것까지 요구되는 것은 아니라 할 것"이라고 하여 원심의 판단이 잘못되었음을 지적하였습니다.

이어서 대법원은 신청인의 개별 사정을 판단하였는데 신청인은 위조 중국 거민신분증을 소지하고 있다는 혐의를 받고 있고 이에 대하여"소명이 불충분한 상황에서 보호명령의 집행을 정지하면 외국인의 출입국관리에 막대한 지장을 초래하여 공공복리에 중대한 영향을 미칠 우려가 있다고 보이므로 보호명령에 대한 집행정지를 받아들이지 않은 것은 정당하다."라고 판시하였습니다. 결론적으로 대법원은 강제퇴거를 위한 보호의 필요성, 일시해제의 요건과 관련한「출입국관리법」규정의 타당성을 인정하였다고 할 것입니다

제3장 재입국 허가

　출입국관리법 제30조(재입국허가) 제1항 법무부장관은 제31조에 따라 외국인등록을 하거나 그 등록이 면제된 외국인이 체류기간 내에 출국하였다가 재입국하려는 경우에 그의 신청을 받아 재입국을 허가할 수 있다. 다만, 영주자격을 가진 사람과 재입국허가를 면제하여야 할 상당한 이유가 있는 사람으로서 법무부령으로 정하는 사람에 대하여는 재입국허가를 면제할 수 있다. 제2항 제1항에 따른 재입국허가는 한 차례만 재입국할 수 있는 단수재입국허가와 2회 이상 재입국할 수 있는 복수재입국허가로 구분한다. 제3항 외국인이 질병이나 그 밖의 부득이한 사유로 제1항에 따라 허가받은 기간 내에 재입국할 수 없는 경우에는 그 기간이 끝나기 전에 법무부장관의 재입국허가기간 연장허가를 받아야 한다. 제4항 법무부장관은 재입국 허가기간 연장허가에 관련한 권한을 대통령령으로 정하는 바에 따라 재외공관의 장에게 위임할 수 있다. 제5항 재입국허가 및 그 기간의 연장허가와 재입국허가의 면제에 관한 기준과 절차는 법무부령으로 정한다. 라고 규정하고 있습니다.

　위 제30조는 재입국허가제도에 관하여 규정하고 있습니다.

　국내 체류외국인이 대한민국에서 출국하면 그가 가진 체류자격 및 체류기간은 소멸하는 것이 원칙이지만 일시적으로 출국하여 다시 입국하는 경우 재외공관에서 사증을 발급받아 입국하여야 하고 90일 이내에 외국인 등록을 하여야 하는 매번 같은 절차를 중복하여야 하므로 이 같은 불편을 해소하고 무용한 절차를 반복할 필요가 없다는 취지에서 재입국허가 제도를 마련한 것입니다. 한편 제31조 제1항에 따라 외국인등록을 마치고 체류하는 외국인이 국내 출입국관리사무소 또는 장소에서 미리 재입국허가를 받고 일시 출국하였다가 허가기간 내에 다시 대한민국으로 입국하는 경우 기존의 체류자격 체류기간이 그대로 유지됩니다. 재입국허가가 면제되는 자가 면제되는 기간 내에 입국하는 경우에도 또한 같습니다.

　위 제1항은 재입국허가의 대상과 요건 재입국허가의 면제의 대상에 관하여 설명한 것입니다. 재입국허가 제도의 취지에 비추어 허가의 대상은 대한민국에 90일을 초과해 체류하게 되는 자로서 제31조 제1항에 의하여 외국인등록을 한 자와 제31조 제1항 단서에 따라 외국인등록이 면제된 외국인을 말합니다. 그러므로 90일 이하 대한민국에 체류하는 단기 체류자 또는 승무원 상륙허가(제14조) 긴급상륙허가(제15조) 재난상륙허가(제16조) 난민임시 상륙허가(제16조의2)를 받고 상륙한 자는 허가의 대상에서 제외됩니다. 다만 난민의 인정을 받은 자가 출국하고자 하는 때에는 신청에 의하여 난민여행 증명서가 발급되므로 제1항의 재입국허가의 대상은 아닙니다(제76조의5).

재입국허가는 대한민국에 체류하는 외국인이'그의 체류기간 내에 출국하였다가 재입국하고자 하는 경우'신청에 의하여 허가할 수 있으므로 대한민국에서 체류허가를 득하고 체류기간 만료일 전에 대한민국에 재입국할 의도를 가지고서 출국하려고 하는 때에 부여합니다. "법무부장관은 … 허가 있다." 라는 것은 재입국 허가는 법무부장관의 자유재량에 따라 부여하는 것을 의미합니다.

그러므로 법무부장관은 체류 외국인으로부터 재입국허가의 신청이 있는 경우에는 외국인의 출입국을 공정히 관리할 입장에서 신청인의 체류 상황, 출국 목적, 출국의 필요성, 출국 행선국과 우리나라와의 관계 국내외 정세 등을 종합적으로 검토하여 재입국허가의 여부를 판단합니다.

위 제2항은 재입국 허가의 종류에 관해서 설명하는 것으로 단수 재입국허가는 1회에 한하여 재입국할 수 있고 복수 재입국허가는 허가기간 이내에 2회 이상 재입국할 수 있습니다. 단수와 복수 재입국의 법률상 효력은 동일합니다. 따라서 출입국 횟수와 허가 수수료 및 재입국허가 기간에서 차이가 있습니다.

입국허가는 최장 기간이 단수가 1년, 복수는 2년이나 일정한 조건을 갖춘 기업투자(D-8) 또는 거주(F-2) 자격에 한하여 복수 재입국 허가의 최장 기간을 3년으로 하고 있습니다. 그러나 사실상 모든 등록외국인에 대하여 재입국허가가 면제되고 있으므로 출입국관리법 제11조에 따라 입국이 금지된 자이나 입국금지가 일시해제되어 입국한 자와 시행규칙 제10조에 따라 법무부장관의 승인을 받아 입국한 자를 제외하면 대부분의 외국인은 사실상 재입국허가를 받을 필요가 없습니다.

위 제3항은 재입국허가 기간연장 허가에 관한 사항을 설명하고 있습니다.

재입국 허가를 받아 출국한 외국인이 재입국허가의 유효기간 내에 대한민국에 입국하지 않을 때에는 재입국 허가가 실효됨과 동시에 당해 외국인의 체류자격 체류기간도 출국을 한 때를 기준으로 효력을 상실합니다. 그러나 재입국허가를 받아서 출국한 외국인이 질병 부상 기타 부득이한 사정으로 재입국허가 기간 내에 국내입국이 불가능한 경우가 있을 수 있습니다. 이러한 경우에 재입국 허가의 기간이 만료되기 전에 재입국허가의 유효기간 연장 허가를 받아야 함을 규정하고 있습니다. 재입국허가의 연장 허가에 대해서는 재입국 허가 기간의 만료일로터 3월 이내로 정할 있으나 이 경우 연장허가기간은 체류기간을 초과할 없습니다(시행규칙 제39조의3 제2항).

위 제4항은 재입국허가 기간연장 허가에 관한 권한을 재외공관의 장에게 위임할 수 있음을 설명하고 있습니다. 재입국허가기간 연장 허가권자는 법무부장관이지만 현실적으로 재입국허가 기간 연장이 필요한 시점에서 외국인은 이미 외국에 체류하는 상태이기 때문에 체류하는 곳의 재외공관에 신청하고 일정 조건하에서 재외공관의 장의 판단으로 재입국허가 기간연장허가를 하는 것이 효율적이고 제도의 본래의 취지에도 부합하므로 재외공관의 장에게 위임하고 있습니다. 따라서 재외공관의 장은 재입국허가를 받고 출국한 외국인이 출국 후에 선박 등이 없거나 질병 그 밖의 부득이한 사유로 기간 내에 재입국할 수 없는 경우 외국인의 신청에 의해 재입국허가 기간연장허가를 할 수 있고(시행령 제38조) 재입국허가가 면제된 자도 또한 같습니다.

재외공관의 장은 재입국허가를 받고 출국하여 외국에 체류 중인 자가 여권 분실 등의 사유로 재입국허가의 확인을 신청할 때에는 재입국허가 기간 등의 조회를 거쳐서 신청인의 여권에 재입국허가 확인인을 찍고 서명하여야 합니다(시행규칙 제

43조). 제5항은 재입국허가 절차와 재입국허가 면제 기준 등에 관하여 법무부령(시행규칙)에 위임한다는 사항을 설명하고 있으며 재입국허가는 재입국허가 신청서에 소명하는 자료를 첨부하여 사무소장 또는 출장소장에게 제출하며, 허가는 여권에 재입국허가인을 찍거나 재입국허가 스티커를 부착함으로써 허가 됩니다. 이 경우에 무국적자 미수교국 국민, 법무부장관이 외교통상부장관과 협의 하여 지정한 국가의 국민에 대해서는 재입국허가서를 발급합니다(시행규칙 제39조의2 제4항).

제4장 강제퇴거의 대상자

출입국관리법 제46조(강제퇴거의 대상자) 제1항 지방출입국·외국인관서의 장은 출입국관리법 제6장에 강제퇴거 등에 규정된 절차에 따라 다음 각 호의 어느 하나에 해당하는 외국인을 대한민국 밖으로 강제퇴거시킬 수 있습니다. 1.제7조를 위반한 사람 2.제7조의2를 위반한 외국인 또는 같은 조에 규정된 허위 초청 등 행위로 입국한 외국인 3.제11조 제1항 각 호의 어느 하나에 해당하는 입국금지 사유가 입국 후에 발견되거나 발생한 사람4.제12조제1항·제2항 또는 제12조의3을 위반한 사람 5.제13조제2항에 따라 지방출입국·외국인관서의 장이 붙인 허가조건을 위반한 사람 6.제14조제1항, 제14조의2제1항, 제15조제1항, 제16조제1항 또는 제16조의2제1항에 따른 허가를 받지 아니하고 상륙한 사람 7.제14조제3항(제14조의2제3항에 따라 준용되는 경우를 포함한다), 제15조제2항, 제16조제2항 또는 제16조의2제2항에 따라 지방출입국·외국인관서의 장 또는 출입국관리공무원이 붙인 허가조건을 위반한 사람 8.제17조제1항·제2항, 제18조, 제20조, 제23조, 제24조 또는 제25조를 위반한 사람 9.제21조제1항 본문을 위반하여 허가를 받지 아니하고 근무처를 변경·추가하거나 같은 조 제2항을 위반해 외국인을 고용알선한 사람 10.제22조에 따라 법무부장관이 정한 거소 또는 활동범위의 제한이나 그 밖의 준수사항을 위반한 사람 10의2.제26조를 위반한 외국인 11.제28조제1항 및 제2항을 위반하여 출국하려고 한 사람 12.제31조에 따른 외국인등록 의무를 위반한 사람12의2. 제33조의3을 위반한 외국인 13.금고 이상의 형을 선고받고 석방된 사람 14.제76조의4제1항 각 호의 어느 하나에 해당하는 사람 15.그 밖에 제1호부터 제10호까지, 제10호의2, 제11호, 제12호, 제12호의2, 제13호 또는 제14호에 준하는 사람으로서 법무부령으로 정하는 사람 제2항 영주자격을 가진 사람은 제1항에도 불구하고 대한민국 밖으로 강제퇴거되지 아니한다. 다만 다음 각 호의 어느 하나에 해당하는 사람은 그러하지 아니하다. 1형법 제2편 제1장 내란의 죄 또는 제2장 외환의 죄를 범한 사람2.5년 이상의 징역 또는 금고의 형을 선고받고 석방된 사람 중 법무부령으로 정하는 사람 3.제12조의3제1항 또는 제2항을 위반하거나 이를 교사(敎唆) 또는 방조(幇助)한 사람으로 규정하고 있습니다.

위 제46조는 외국인을 강제퇴거 할 수 있는 국가의 권능과 대한민국으로부터 강제퇴거 대상이 되는 외국인의 유형을 규정한 것입니다. 이는 국가가 자국의 이익에 바람직하지 않다고 판단하는 외국인을 추방할 권리는 국제법상 확립된 원칙입니다. 어떠한 외국인을 바람직하지 않다고 판단하여 추방하는지에 관해서도 국가는 자유로이 결정할 수 있습니다. 출입국관리법은 불법 입국한 외국인, 불법으로 체류하는 외국인, 범죄를 범하여 일정한 형을 선고받은 외국인, 대한민국에 유해한 행위를 한 외국인, 대한민국의 이익·공공의 안전 또는 경제·사회질서를 해하고 선량한 풍속을 해하는 행동을 할 염려가 있는 외국인 등 대한민국의 기본질서에 어긋난다고 인정되는 외국인의 유형을 구체적으로 열거하고 이들 중 어느 하나의 유형에 해당되는 외국인에 대해서는 출입국관리법이 정하는 절차에 따라 국외로 강제퇴거 할 수 있다고 규정하고 있습니다. 사무소장 등은 출입국관리법 제46조 제1할 각호의 어느 하나에 해당하는 자에 대해여는 강제퇴거 대상자라 하더라도 자기비용으로 자진하여 출국하려는 자에 대하여는 출국명령(출입국관리법 제68조 제1항 제1호)을 할 수가 있고 출국명령을 위반한 자에 대하여는 반드시 강제퇴거명령을 하도록 규정하고 있습니다(출입국관리법 제68조 제4항).

또한 출입국관리법 제46조 제1항의 문언과 취지를 고려하면 강제퇴거명령은 재량권의 행사이므로 강제퇴거 대상자에 대하여도 엄격한 심사를 거쳐 보호해제 체류허가가 가능하다고 할 것입니다. 대한민국에 체류하는 외국인 외교관 국제연합의 직원 외국군대의 구성원 등에 대해서 강제퇴거와는 별개의 수단·방법에 의해 퇴거를 요구하는 것이 바람직할 수 있습니다. 대한미국에 영주할 있는 체류자격(F-5)을 가진 외국인은 출입국관리법 제46조 제2항 각호의 어느 하나에 해당하는 범죄를 범한 경우에 한하여 강제퇴거 대상이 됩니다. 이는 국내에서 생활 기반을 형성한 영주자격 외국인에 대해서는 다른 외국인들과 구별하여 대한민국에서의 안정적 체류를 보장하고 있었다고 볼 수 있습니다.

위 제46조 제1항은 사무소장 등이 강제퇴거사유에 해당하는 외국인을 대한민국으로부터 퇴거를 강제할 수 있다는 것을 규정하고 있습니다. 이는 제1항의 어느 하나에 해당하면 반드시 강제퇴거를 하여야 한다는 규정은 아니며 강제퇴거할 수가 있는 대상을 규정한 것입니다. 따라서 강제퇴거 대상이라도 해당 요건의 경중이나 인도주의 및 상호주의 등 제반 요건을 고려하여 이를 유보할 수도 있다고 봅니다. 외국인에 대하여 대한민국으로부터 퇴거를 강제하는 강제퇴거라 함은 대한민국에 바람직하지 않다고 인정하는 외국인에 대하여 강력력을 가지고 국외로 추방하는 작용을 말합니다. 한편 강제퇴거는 국제법상 인정되고 있는 국가의 권리행사로서 출입국관리법에서는 출입국관리사무소장·출장소장 또는 외국인보호소장의 권한으로 규정하고 있습니다.

국가가 어떤 범주의 외국인을 강제퇴거 할 수 있는 가를 정한 국제법규는 존재하지 않습니다. 우리나라에 대한 출입국관리법도 선진 각국의 이민법상 공통적인 기준에 따라 강제퇴거 대상자를 정하고 이를 열거하고 있는 바, 이는 자의적인 강제퇴거를 예방함과 동시에 체류외국인으로 하여금 불이익 처분을 받지 않도록 배려하고 적법 절차를 통하여 인권 침해의 소지를 없애려는 취지를 반영한 것입니다. 출입국관리법 제46조 제1항 제1호는 불법 입국자를 강제퇴거의 사유로 정한 것으로 제7조의 규정에 위반한 자란 불법 입국자를 말합니다. 제17조 제1항은 원칙적으로 외국인은 "유효한 여권과 법무부장관이 발급한 사증을 가지고 있어야" 대한민국에 입국할 수 있음을 선언하고 같은 제2항에서는 특별한 경우 법무부장관의 사증을 소지하지 아니하고도 입국할 있는 경우를 예시하고 있습니다. 따라서 유효한 여권과 사증을 소지하지 않은 외국인이 대한민국에 입국하는 경우와 그런 사실이 국내 체류 중 발견된 경우에 외국인을 강제 퇴거할 수 있도록 규정한 것입니다.

위 제46조 제1항 제2호는 거짓으로 외국인을 초청한 행위를 외국인 또는 거짓된 초청에 의하여 입국한 외국인을 강제퇴거의 대상으로 정한 것입니다. 출입국관리법 제7조의2에 따른 거짓된 초청이란 외국인을 입국시키기 위하여 거짓된 사실을 기재하거나 거짓의 신원보증 등 부정한 방법으로 외국인을 초청하는 행위 또는 알선하는 행위(동 조 제1호) 거짓으로 사증 또는 사증발급인정서를 신청하는 행위 또는 이를 알선하는 행위(동 조 제2호)를 말합니다. 거짓사실의 기재란 객관적으로 거짓된 사실을 초청장 초청경위서 등에 적시하는 것을 말하고 '거짓된 신원보증'이라 함은 제90조(신원조증) 따른 신원보증 사증발급, 사증발급인정서 발급, 입국허가 조건부 입국허가를 위한 것을 말하며 각종 체류허가 보호 또는 출입국사범의 신병인도 등과 관련된 신원보증은 외국인을 입국시키기 위한 것이 아니므로 여기서 말하는 거짓된 초청상의 신원보증의 범주에 속하지 않습니다.'부정한 방법'이란 사회통념상 정당성이 결여된 모든 방법을 의미하며 거짓된 사실의 기재, 거짓된 신원보증은 예로 적시된 것에 불과합니다. 따라서 외국인을 입국시키기 위하여 거짓된 사업계약서 사업자등록증 재직증명서 출생증명서 졸업증명서 가족관계등록부 주민등록등·초본 내역서 수출입면장등을 송부·첨부·제시·제출하는 등의 방법으로 초청하거나 초청을 알선하는 경우도 거짓초청 등에 해당합니다.

조건부 입국허가를 받아 입국한 외국인이 부관인 조건을 위반한 경우를 강제퇴거사유로 충ㅇ입국관리법 제46조 제1항 제5호에 규정한 것입니다. 따라서 제13조 제2항의 규정에 의하여 사무소장 또는 출장소장이 붙인 조건에 위반한 자는 부득이한 사유로 유효한 여권과 사증을 지니고 있지 못하였으나 일정기간에 요건을 갖출 수 있다고 인정되는 외국인, 제11조 제1항 각 호외 어느 하나의 입국금지사유에 해당된다고 의심되거나 제12조 제3항 제2호 입국 목적이 체류자격과 부합하지 않는다고 의심되어 특별히 심사할 필요가 있다고 인정되는 외국인 등에 대하여 사무소장 또는 출장소장이 주거의 제한, 출석 요구에 응할 의무 기타 필요한 조건을 붙여 조건부 입국허가를 하였으나 입국한 후에 조건을 위반한 사람을 말합니다. 한편 제13조 제2항의 규정에 의한 조건에 위반한 사람은 제95조 제2호에 따라서 1년 이하의 징역이나 금고 또는 1천만 원 이하의 벌금에 처하도록 규정하고 있습니다. 제6호는 출입국관리법이 정한 각종 상륙허가를 받지 않고 상륙한 외국인 승무원, 외국인, 난민신청예정 외국인에 대한 강제퇴거의 사유로 규정한 것입니다.

제5장 보호에 대한 이의신청

출입국관리법 제55조(보호에 대한 이의신청) 제1항 보호명령서에 따라 보호된 사람이나 그의 법정대리인 등은 지방출입국·외국인관서의 장을 거쳐 법무부장관에게 보호에 대한 이의신청을 할 수 있다. 제2항 법무부장관은 제1항에 따른 이의신청을 받은 경우에 지체 없이 관계 서류를 심사하여 그 신청이 이유 없다고 인정되면 결정으로 기각하고, 이유가 있다고 인정되면 결정으로 보호된 사람의 보호해제를 명하여야 한다. 제3항 법무부장관은 제2항에 따른 결정에 앞서 필요하면 관계인의 진술을 들을 수가 있다. 라고 규정하고 있습니다.

위 제55조는 보호외국인 또는 그의 법정대리인 등이 사무소장 등이 행한 보호명령처분에 대한 불복방법으로서 보호명령의 위법·부당을 이유로 법무부장관에게 이의를 신청할 수 있도록 규정하고 있습니다. 이는 보호외국인의 방어권 행사를 보장하기 위한 것입니다. 제1항의 이의신청권자는 보호명령서에 의하여 보호된 자와 법정대리인 등입니다. 보호명령서에 의하여 보호된 자라 함은 피보호 외국인을 의미하고 법정대리인 등은 법정대리인(용의자가 지정하는 자를 포함합니다)·배우자·형제자·가족을 말합니다.

보호에 대한 이의신청을 하고자 하는 자는 이의신청서에 그 사유를 소명하는 자료를 첨부하여 사무소장 등에게 제출하여야하고, 사무소장 등은 이의신청서 기재된 주장 사실 관계에 대하여 의견을 붙여 지체 없이 법무부장관에게 송부하여야 합니다.

위 제2항은 보호명령에 대한 이의신청이 접수된 경우 법무부장관은 지체 없이 관계 서류를 심사하도록 하고 있습니다. 이는 신체의 자유를 제한하는 보호에 대한 이의신청이 있는 경우 그 당부를 신속하게 결정하자는 취지입니다. 신청이 이유 없다고 인정될 때란 보호명령이 정당하다는 것이고 이유 있다고 인정될 때는 보호명령이 부당하다는 것으로 경우에는 보호된 자의 보호해제를 하여야 합니다. 보호해제란 보호상태를 해제하여 신체를 자유롭게 하는 것을 의미합니다. 제3항은 법무부장관이 이의신청에 대한 심사·결정을 위하여 필요한 때에는 당사자가 아닌 관계인의 진술을 들을 수 있도록 하여 보다 정확한 심사와 객관적인 판단을 하도록 하고 있습니다. 다만 관계인의 진술을 반드시 들어야만 하는 것은 아니므로 관계인의 진술을 듣지 아니하고 결정하더라도 법적인 효력에는 영향을 미치지 않습니다.

제6장 이의신청

　　출입국관리법 제60조(이의신청) 제1항 용의자는 강제퇴거명령에 대하여 이의신청을 하려면 강제퇴거명령서를 받은 날부터 7일 이내에 지방출입국·외국인관서의 장을 거쳐 법무부장관에게 이의신청서를 제출하여야 한다. 제2항 지방출입국·외국인관서의 장은 제1항에 따라서 이의신청서를 접수하면 심사결정서와 조사기록을 첨부하여 법무부장관에게 제출하여야 한다. 제3항 법무부장관은 제1항과 제2항에 따라서 이의신청서 등을 접수하면 이의신청이 이유 있는지를 심사결정하여 그 결과를 지방출입국·외국인관서의 장에게 알려야 한다. 제4항 지방출입국·외국인관서의 장은 법무부장관으로부터 이의신청이 이유 있다는 결정을 통지받으면 지체 없이 용의자에게 사실을 알리고, 용의자가 보호되어 있으면 즉시 그 보호를 해제하여야 한다. 제5항 지방출입국·외국인관서의 장은 법무부장관으로부터 이의신청이 이유 없다는 결정을 통지받으면 지체 없이 용의자에게 사실을 알려야 한다. 라고 규정하고 있습니다. 출입국관리법 제60조는 사무소장의 강제퇴거명령에 대하여 이의가 있을 경우 대항수단으로서 용의자가 법무부장관에게 이의신청을 할 수 있음을 규정하고 있습니다.

　　위 제1항은 사무소장의 강제퇴거명령에 대하여 불복하고자 하는 외국인은 강제퇴거명령서를 받은 날부터 7일 이내에 이의사유를 소명할 있는 서류를 첨부한 이의신청서를 사무소장 등에게 제출하고 사무소장 등은 이의신청서에 의견을 붙여 법무부장관에 지체 없이 송부하도록 규정하고 있습니다. "명령서를 받은 날부터"라고 되어 있는데 민법 제157조에 따라 초일은 산입되지 않으며 동법 제161조에 따라 기간의 말일이 토요일 또는 공휴일일 때에는 익익일 또는 익일을 만료일로 봅니다.

　　위 제1항에 의하여 이의신청을 하는 경우는 강제퇴거사유의 어느 하나에도 해당하지 않는 것을 이유로 하는 경우이거나 강제퇴거의 사유에는 해당하나 강제퇴거명령서의 발부는 본인에게 가혹한 것으로 그보다는 경미한 처분(출국명령 또는 출국권고)을 요청하는 경우 등입니다. 법무부장관에 대한 이의신청의 실태를 보면 강제퇴거 대상자에 해당하는 것은 인정하지만 인도적인 사유를 이유로 국내에 계속 체류하기를 희망하는 경우가 대부분입니다. 제2항은 용의자로부터 이의신청이 있었을 때에는 사무소장 등은 조사 시 작성한 기록 및 수집한 증거와 심사결정서, 강제퇴거명령서 등을 법무부장관에게 제출하도록 규정한 것이고 제2항은 직접적으로는 사무소장 등이 법무부장관에게 이의신청 심사에 필요한 서류를 제출하도록 규정하고 있지만 실질적 의미는 사무소장 등이 법무부장관에게 이의신청에 관한 최종적 판단을 요구하는 것입니다.

사무소장 등은 법무부장관에 대한 이의신청에 필요한 서류가 갖춰져 있는지 여부, 서류의 형식·내용이 갖춰져 있는지 여부, 법무부장관의 결정에 있어 규명해야 사실 또는 정상 여부 등을 확인하여 법무부장관이 판단을 할 수 있도록 관련 자료를 제출해야 합니다. 사무소장 등이 법무부장관에 대해서 이러한 관계서류를 제출해야 할 시간적 제한 규정은 없지만 대상자가 장기간 불안정한 지위에 있지 않도록 하기 위해 법무부장관의 결정에 요하는 기간 등을 고려해 가능한 신속히 제출할 필요가 있습니다. 제3항은 법무부장관의 이의신청 수리 결정 결과통지에 대해 규정한 것입니다. 심사결정이란 일련의 강제퇴거절차에 있어서 수집된 모든 증거자료에 근거하여 이의신청이 이유가 있는지 그 여부에 대하여 법무부장관이 최종적으로 판단하는 것을 말합니다.

제7장 보호 및 보호해제

출입국관리법 제63조(강제퇴거명령을 받은 사람의 보호 및 보호해제) 제1항 지방출입국·외국인관서의 장은 강제퇴거명령을 받은 사람을 여권 미소지 또는 교통편 미확보 등의 사유로 즉시 대한민국 밖으로 송환할 수 없으면 송환할 수 있을 때까지 그를 보호시설에 보호할 수 있다. 제2항 지방출입국·외국인관서의 장은 제1항에 따라 보호할 때 그 기간이 3개월을 넘는 경우에는 3개월마다 미리 법무부장관의 승인을 받아야 한다. 제3항 지방출입국·외국인관서의 장은 제2항의 승인을 받지 못하면 지체 없이 보호를 해제하여야 한다. 제4항 지방출입국·외국인관서의 장은 강제퇴거명령을 받은 사람이 다른 국가로부터 입국이 거부되는 등의 사유로 송환될 수 없음이 명백하게 된 경우에는 그의 보호를 해제할 수가 있다. 제5항 지방출입국·외국인관서의 장은 제3항 또는 제4항에 따라 보호를 해제하는 경우에는 주거의 제한이나 그 밖에 필요한 조건을 붙일 수 있다. 제6항 제1항에 따라 보호하는 경우에는 제53조부터 제55조까지, 제56조의2부터 제56조의9까지 및 제57조를 준용한다. 라고 규정하고 있습니다.

위 제63조는 강제퇴거명령을 받은 자를 즉시 대한민국 밖으로 송환할 없는 때에 송환이 가능할 때까지 신병을 보호하는 요건 절차 등에 대해 규정한 깃입니다. 강제퇴거명령을 받은 자에 대해서는 신속히 우리사회에서 배제하는 것이 바람직하므로 언제든지 송환할 수가 있는 담보장치가 필요할 뿐만 아니라 법익 침해자의 격리 차원에서도 일정한 장소에 보호할 필요가 있습니다. 그러나 강제퇴거명령을 받은 자가 다른 국가로부터 입국이 거부가 되는 등의 사유로 송환될 수 없음이 명백하게 된 때에는 인도적인 차원에서 일정한 조건하에 그의 보호를 해제할 수 있도록 하고 있습니다.

제8장 보호에 대한 이의신청

출입국관리법 제55조(보호에 대한 이의신청) 제1항 보호명령서에 따라 보호된 사람이나 그의 법정대리인등은 지방출입국 · 외국인관서의 장을 거쳐 법무부장관에게 보호에 대한 이의신청을 할 수 있다. 제2항 법무부장관은 제1항에 따른 이의신청을 받은 경우 지체 없이 관계 서류를 심사하여 그 신청이 이유 없다고 인정되면 결정으로 기각하고, 이유 있다고 인정되면 결정으로 보호된 사람의 보호해제를 명하여야 한다. 제3항 법무부장관은 제2항에 따른 결정에 앞서 필요하면 관계인의 진술을 들을 수 있다. 라고 규정하고 있습니다.

위의 제55조는 보호외국인 또는 그의 법정대리인 등이 사무소장 등이 행한 보호명령처분에 대한 불복방법으로서 보호명령의 위법·부당을 이유로 법무부장관에게 이의를 신청할 있도록 규정하고 있습니다. 어는 보호외국인의 방어권 행사를 보장하기 위한 것입니다.

제1항의 이의신청권자는 보호명령서에 의해 보호된 자와 법정대리인 등입니다. 보호명령서에 의하여 보호된 자라 함은 피보호 외국인을 의미하고 법정대리인 등은 법정대리인(용의자가 지정하는 자를 포함합니다)·배우자·형제자매·가족· 변호인을 말합니다. 보호에 대한 이의신청을 하고자 하는 자는 이의신청서에 그 사유를 소명하는 자료를 첨부하여 사무소장 등에게 제출하여야 하고, 사무소장 등은 이의신청서에 기재된 주장 및 사실 관계에 대하여 의견을 붙여 지체 없이 법무부장관에게 송부하여야 합니다.

제2항은 보호명령에 대한 이의신청이 접수된 경우 법무부장관은 지체 없이 관계 서류를 심사하도록 하고 있습니다. 이는 신체의 자유를 제한하는 보호에 대한 이의신청이 있는 경우 당부를 신속하게 결정하자는 취지입니다. 이의신청이 이유 없다고 인정될 때란 보호명령이 정당하다는 것이고 이유 있다고 인정될 때란 보호명령이 부당하다는 것으로 이 경우에는 보호된 자의 보호해제를 명하여 합니다. 보

호해제란 보호상태를 해제하여 신체를 자유롭게 하는 것을 의미합니다.

제3항은 법무부장관이 이의신청에 대한 심사·결정을 위하여 필요한 때에는 당사자가 아닌 관계인의 진술을 들을 있도록 하여 보다 정확한 심사와 객관적인 판단을 하도록 하고 있습니다. 다만 관계인의 진술을 반드시 들어야 하는 것은 아니므로 관계인의 진술을 듣지 아니하고 결정하더라도 법적인 효력에는 영향을 미치지 않습니다.

제9장 외국인의 일시보호

　　출입국관리법 제56조(외국인의 일시보호) 제1항 출입국관리공무원은 다음 각 호의 어느 하나에 해당하는 외국인을 48시간을 초과하지 아니하는 범위에서 외국인보호실에 일시보호할 수 있다. 1.제12조제4항에 따라 입국이 허가되지 아니한 사람 2.제13조제1항에 따라 조건부 입국허가를 받은 사람으로서 도주하거나 도주할 염려가 있다고 인정할 만한 상당한 이유가 있는 사람 3.제68조제1항에 따라 출국명령을 받은 사람으로서 도주하거나 도주할 염려가 있다고 인정할 만한 상당한 이유가 있는 사람 제2항 출입국관리공무원은 제1항에 따라 일시보호 한 외국인을 출국교통편의 미확보, 질병, 그 밖의 부득이한 사유로 48시간 내에 송환할 수 없는 경우에는 지방출입국·외국인관서의 장의 허가를 받아 48시간을 초과하지 아니하는 범위에서 한 차례만 보호기간을 연장할 수 있다. 라고 규정하고 있습니다.

　　위의 제56조는 출입국관리공무원이 입국이 허가되지 아니한 등의 도주방지 등을 방지하고 실효성 있는 출국조치를 위한 규정입니다. 사무소장 등으로부터 일시보호 명령서를 발부 받아 사무소 등에 설치되어 있는 보호실에 일시적으로 외국인을 보호하도록 하고 있습니다. 일시보호는 입국이 허가되지 아니한 강제퇴거 대상자 이외의 자에 대하여 사무소장의 허가를 받아서 일시보호명령서를 발부받아야 하고 48시간을 초과하지 아니하는 범위 내에서 한 차례만 보호기간연장이 가능합니다.

　　따라서 현실적으로 공항만 출입국관리사무소 또는 출장소에 한하여 적용된다고 보아야 합니다. 한편 긴급보호는 강제퇴거 대상자에 해당된다고 의심할 만한 상당한 이유가 있고 도주하거나 도주할 우려가 있는 경우에 긴급을 요하여 사무소장 등의 허가를 받을 시간적 여유가 없을 출입국관리공무원이 직접 발부할 있고 48시간 이내에 사무소장 등으로부터 보호명령서를 발부 받지 못하는 경우 즉시보호를 해제 하여야 한다는 점에서 외국인의 일시보호와 차이가 있습니다.

　　제1항에서는 일시보호의 주체와 관련하여 출입국관리공무원이 외국인을 일시 보호할 있는 것으로 문헌상 규정하고 있어 일시보호의 주체를 출입국관리공무원으로

볼 수 있으나 시행령 제71조에서 출입국관리공무원이 외국인을 일시보호하고자 하는 때에는 사무소장 또는 출장소장으로부터 일시보호명령서를 발부받도록 하고 일시보호명령서에 일시 보호 사유 보호장소 보호시간을 기재하도록 하는 출입국관리공무원에 일시보호를 절차적으로 통제하고 있는 것으로 해석됩니다.

제1항의 일시보호 대상자로서 제1호는 출입국관리공무원의 입국 심사과정에서 입국이 허가되지 아니하였을 경우에 일시 보호할 있음을 규정하고 있습니다. 제12조 제4항의 규정에 의하여 입국이 허가되지 아니한 사람이란 외국인이 입국심사를 받을 때 법12조 제3항의 각호의 요건 여권과 사증이 유효할 것(다만 사증은 법에서 요구하는 경우에 한합니다) 입국 목적이 체류자격과 맞을 체류기간이 법무부령으로 정하는 바에 따라 정하여졌을 것, 제11조에 따른 입국의 금지 또는 거부의 대상이 아닐 것을 갖추었음을 입증하지 못하여 입국이 허가되지 아니한 자를 말합니다.

즉 여권과 사증이 유효하지 아니하거나 입국목적 체류자격과 부합하지 아니하거나 입국금지 대상자인 경우 등을 말합니다. 제2호의 조건부 입국허가를 받은 자란 우리나라에 입국하고자 하는 외국인이 입국당시에는 입국허가요건을 갖추지 못하였으나 일정한 기간 내에 요건을 갖출 있다고 인정하여 주거의 제한 출석요구에 응할 의무 등의 조건을 붙여 입국이 허가된 자입니다. 이러한 조건부 입국허가를 받은 자가 도주하거나 도주할 염려가 있다고 인정할 만한 상당한 이유가 있으면 대상이 됩니다.

제3호의 제68조 제1항의 규정에 의하여 출국명령을 받은 자라 함은 제46조 각호의 1의 강제퇴거 대상자에 해당한다고 인정되나 자기비용으로 자진하여 출국하고자 하는 자입니다. 강제퇴거대상자임에도 자기 비용으로 자진하여 출국하고자 하여 출국명령을 하였으나 도주하거나 도주할 염려가 있다고 인정할 만한 상당한 이유가 있는 경우에는 일시 보호할 수 있다는 것입니다. 제2호 및 제13호의 "도주할 염려" 는 상당한 이유가 있어야 할 것을 요합니다. 따라서 조건부입국을 허가받은 출국명령을 받은 자의 도주 염려는 객관적이고 합리적인 기준에 따라 판단하여야 것입니다.

일시보호의 장소는 출입국관리사무소 또는 출장소에 설치된 외국인보호실입니다. 참고로 출입국관리법 제76조(송환의 의무) 제3호에서 "제12조 제4항에 따라 선박 등의 장이나 운수업자의 귀책사유로 입국이 허가되지 아니한 사람" 이 탔던 선박 등의 또는 운수업자는 그의 비용과 책임으로 그 외국인을 지체 없이 대한민국 밖으로 송환하여야 하고 사무소장 또는 출장소장이 선박 등의 또는 운수업자에게 송환지시서를 발부한 경우에는 외국인을 송환할 때까지 교통비·숙식비 등을 부담하고 그를 보호하여야 한다(시행령 제88조)라고 규정하고 있습니다.

일시보호의 기간은 제1항에서 48시간을 초과하지 아니하는 범위에서 일시보호할 수 있도록 규정하고 있으며 제2항에서는 일시 보호한 외국인이 일시보호명령서에 기재된 일시보호기간 내에 출국교통편의 미확보 질병 기타 부득이한 사유로 송환할 없는 때에는 사무소장이나 출장소장의 허가를 받아 48시간을 초과하지 아니하는 범위에서 한 차례만 보호기간을 연장할 있도록 하고 있습니다.

제10장 심사 및 이의신청

출입국관리법을 위반한 외국인에 대한 강제퇴거 대상자에 해당하는지에 대한 심사결정(제58조) 심사후의 절차(제59조) 강제퇴거명령에 대한 이의신청(제60조) 체류허가의 특례(제61조)에 대하여 규정하고 있습니다.

출입국관리법 제58조(심사결정) 지방출입국·외국인관서의 장은 출입국관리공무원이 용의자에 대한 조사를 마치면 지체 없이 용의자가 출입국관리법(제46조 제1항 지방출입국·외국인관서의 장은 이 장에 규정된 절차에 따라 다음 각 호의 어느 하나에 해당하는 외국인을 대한민국 밖으로 강제퇴거시킬 수 있다. 1.제7조를 위반한 사람 2.제7조의2를 위반한 외국인 또는 같은 조에 규정된 허위초청 등의 행위로 입국한 외국인 3.제11조제1항 각 호의 어느 하나에 해당하는 입국금지 사유가 입국 후에 발견되거나 발생한 사람 4.제12조제1항·제2항 또는 제12조의3을 위반한 사람 5.제13조제2항에 따라 지방출입국·외국인관서의 장이 붙인 허가조건을 위반한 사람 6.제14조제1항, 제14조의2제1항, 제15조제1항, 제16조제1항 또는 제16조의2제1항에 따른 허가를 받지 아니하고 상륙한 사람 7.제14조제3항(제14조의2제3항에 따라 준용되는 경우를 포함한다), 제15조 제2항, 제16조 제2항 또는 제16조의2제2항에 따라 지방출입국·외국인관서의 장 또는 출입국관리공무원이 붙인 허가조건을 위반한 사람 8.제17조제1항·제2항, 제18조, 제20조, 제23조, 제24조 또는 제25조를 위반한 사람 9.제21조제1항 본문을 위반하여 허가를 받지 아니하고 근무처를 변경·추가하거나 같은 조 제2항을 위반하여 외국인을 고용·알선한 사람 10.제22조에 따라 법무부장관이 정한 거소 또는 활동범위의 제한이나 그 밖의 준수사항을 위반한 사람 10의2.제26조를 위반한 외국인 11.제28조제1항 및 제2항을 위반하여 출국하려고 한 사람 12.제31조에 따른 외국인등록 의무를 위반한 사람 12의2.제33조의3을 위반한 외국인 13.금고 이상의 형을 선고받고 석방된 사람 14.제76조의4제1항 각 호의 어느 하나에 해당하는 사람 15.그 밖에 제1호부터 제10호까지, 제10호의2, 제11호, 제12호, 제12호의2, 제13호 또는 제14

호에 준하는 사람으로서 법무부령으로 정하는 사람) 각 호의 어느 하나에 해당하는 지를 심사하여 결정하여야 한다. 라고 규정하고 있습니다.

위 제58조는 출입국관리법 제46조 제1호의 어느 하나에 해당하는 것으로 의심되는 자에 대한 출입국관리공무원의 심사에 대해 규정한 것입니다. 출입국관리공무원은 용의자를 조사한 후 용의사실에 관계되는 적용 범조를 확인하여 강제퇴거 사유의 해당성에 대해 신속히 심사해야 하며 용의자에 대하여 조사를 마치면 위반사실에 대한 적용 법조를 확인하여 주문·이유적용 법조 등을 명시한 심사결정서를 작성하여야 합니다. 주문에는 심사결정의 주요 내용을 간략히 기재하고 이유에는 주문과 같이 결정하게 된 구체적 이유와 범칙금 세부양정기준과 달리 범칙금을 정할 경우 이유를 기재하여야 합니다.

사무소장 등은 용의자가 출입국관리법 제46조 제1호의 어느 하나에 해당하는지를 심사하여 강제퇴거, 출국명령, 출국권고, 통고처분 후 출국명령 통고처분 후 체류허가, 고발, 혐의 없음 등의 심사 결정을 하여야 합니다.

제11장 심사 후의 절차

출입국관리법 제59조(심사 후의 절차) 제1항 지방출입국·외국인관서의 장은 심사 결과 용의자가 제46조제1항 각 호의 어느 하나에 해당하지 아니한다고 인정하면 지체 없이 용의자에게 그 뜻을 알려야 하고, 용의자가 보호되어 있으면 즉시 보호를 해제하여야 한다. 제2항 지방출입국·외국인관서의 장은 심사 결과 용의자가 제46조제1항 각 호의 어느 하나에 해당한다고 인정되면 강제퇴거명령을 할 수 있다. 제3항 지방출입국·외국인관서의 장은 제2항에 따라 강제퇴거명령을 하는 때에는 강제퇴거명령서를 용의자에게 발급하여야 한다. 제4항 지방출입국·외국인관서의 장은 강제퇴거명령서를 발급하는 경우 법무부장관에게 이의신청을 할 수 있다는 사실을 용의자에게 알려야 한다. 라고 규정하고 있습니다.

위 제59조는 사무소장 등이 강제퇴거 대상자 여부에 대한 심사 결과 강제퇴거 사유에 해당하자 않는다고 인정할 때의 보호 해제, 강제퇴거 대상자에 해당한다고 인정할 때의 처리 절차 구제방법 등에 대하여 규정하고 있습니다. 제1항은 관리소장은 심사결과 용의자가 강제퇴거사유의 어느 것에도 해당되지 않는다고 인정한 때의 용의자의 보호해제에 대해 규정하고 있습니다. 용의자가 제46조 제1할 =각 호의 1에 해당하지 아니 한다는 것은 출입국관리공무원의 위반조사에 관계되는 용의사실이 제46조 제1항 각 호에 어느 하나의 강제퇴거사유에도 해당하지 아니하므로 강제퇴거 대상이 아니라는 의미입니다.

이 경우 즉시 보호를 해제하여야 한다고 되어 있으므로 사무소장 등은 즉시 보호를 해제하여야 하며 용의자가 외국인보호소 등에 보호되어 있는 때에는 보호해제 사유 등을 기재한 보호해제의뢰서를 외국인보호소장 등에게 송부하여야 합니다. 용의자가 강제퇴거사유의 어느 것에도 해당되지 않는다고 결정되었으므로 용의자의 신체의 구속을 해제하는 것이 최우선되어야만 하기 때문입니다.

제2항은 사무소장 등의 심사 결과 용의자가 강제퇴거 사유의 어느 하나에 해당한다고 인정되면 강제퇴거명령을 할 수 있으며 제3항은 강제퇴거명령을 할 때에는 강제퇴거명령서를 용의자에게 발급하여야 한다고 규정하고 있습니다. 강제퇴거령은 사무소장 등의 재량사항으로 강제퇴거대상자에 해당하더라도 경중을 가려 강제퇴거명령을 하지 않고 출국명령을 할 수 있으며 강제퇴거명령령서를 발급하는 때에는 사건부에 기재하여야 하고 강제퇴거명령서에는 적용법조. 퇴거이유 송환국 등을 명시하여야 합니다.

용의자가 강제퇴거사유의 어느 하나에 해당한다고 인정하는 경우 용의사실의 인정은 증거에 근거하여 이루어져야 하며 사실인정의 기초가 된 증거는 용의사실과 관련하여 합리적인 것이어야 합니다. 제3항은 강제퇴거명령을 결정한 때에는 명령의 취지 이유와 이의신청을 할 수 있다는 뜻을 기재한 강제퇴거명령서를 발부하여 부본을 용의자에게 교부함과 동시에 강제퇴거명령에 이의가 있을 때에는 법무부장관에게 이의를 청구할 있음을 알려주어야 함을 규정하고 있습니다. 강제퇴거명령서의 부본을 당사자에게 교부하지 않고 단순히 구두로만 고지하였다면 이러한 강제퇴거명령은 법령이 요구하는 절차와 형식을 갖추지 아니한 것으로써 효력이 없다는 것이 판례의 취지입니다.

제12장 용의자의 이의신청

출입국관리법 제60조(이의신청) 제1항 용의자는 강제퇴거명령에 대하여 이의신청을 하려면 강제퇴거명령서를 받은 날부터 7일 이내에 지방출입국·외국인관서의 장을 거쳐 법무부장관에게 이의신청서를 제출하여야 한다. 제2항 지방출입국·외국인관서의 장은 제1항에 따른 이의신청서를 접수하면 심사결정서와 조사기록을 첨부하여 법무부장관에게 제출하여야 한다. 제3항 법무부장관은 제1항과 제2항에 따른 이의신청서 등을 접수하면 이의신청이 이유 있는지를 심사결정하여 그 결과를 지방출입국·외국인관서의 장에게 알려야 한다. 제4항 지방출입국·외국인관서의 장은 법무부장관으로부터 이의신청이 이유 있다는 결정을 통지받으면 지체 없이 용의자에게 그 사실을 알리고, 용의자가 보호되어 있으면 즉시 그 보호를 해제하여야 한다. 제5항 지방출입국·외국인관서의 장은 법무부장관으로부터 이의신청이 이유 없다는 결정을 통지받으면 지체 없이 용의자에게 그 사실을 알려야 한다. 라고 규정하고 있습니다.

위 제60조는 사무소장의 강제퇴거명령에 대하여 어의가 있을 경우 대항수단으로서 용의자가 법무부장관에게 이의신청을 할 수 있음을 규정하고 있습니다. 제1항은 사무소장의 강제퇴거명령에 대하여 불복하고지 히는 외국인은 강제퇴거명령서를 받은 날부터 7일 이내에 이의사유를 소명할 수 있는 서류를 첨부한 이의신청서를 사무소장 등에게 제출하고 사무소장 등은 이의신청서에 의견을 붙여 법무부장관에 지체 없이 송부하도록 하고 있습니다.

강제퇴거명령서를 받은 날부터라고 되어 있는데 민법 제157조에 따라 초일은 산입되지 않으며 동법 제161조에 따라 기간 말일이 토요일 또는 공휴일일 때에는 익익일 또는 익일을 만료일로 봅니다. 제1항에 의하여 이의신청을 하는 경우는 강제퇴거사유의 어느 하나에도 해당하지 않는 것을 이유로 하는 경우이거나 강제퇴거사유에는 해당하나 강제퇴거명령서의 발부는 본인에게 가혹한 것으로 그 보다는 경미한 처분(출국명령 또는 출국권고)요청SI 경우 등입니다.

법무부장관에 대한 이의신청의 실태를 보면 강제퇴거 대상자에 해당하는 것은 인정하지만 인도적인 사유를 이유로 국내에 계속 체류하기를 희망하는 경우가 대부분입니다. 제2항은 용의자로부터 이의신청이 있었을 때는 사무소장 등은 조사 작성한 기록을 수집한 증거와 심사결정서, 강제퇴거명령서 등을 법무부장관에게 제출하도록 규정한 것입니다. 제2항은 직접적으로는 사무소장 등이 법무부장관에게 이의신청 심사에 필요한 서류를 제출하도록 규정하고 있지만 실질적 의미는 사무소장 등이 법무부장관에게 이의신청에 관한 최종적 판단을 요구하는 것입니다.

　　사무소장 등은 법무부장관에 대한 이의신청에 필요한 서류가 갖춰져 있는지 여부, 서류의 형식·내용이 갖춰져 있는지 여부, 법무부장관의 결정에 있어 더 규명해야 할 사실 또는 정상 여부 등을 확인하여 법무부장관이 판단을 할 수 있도록 관련 자료를 제출해야 합니다. 사무소장 등이 법무부장관에 대해서 이러한 관계서류를 제출해야 할 시간적 제한 규정은 없지만 대상자가 장기간 불안정한 지위에 있지 않도록 하기 위해 법무부장관의 결정에 요하는 기간 등을 고려해 가능한 신속히 제출할 필요가 있습니다.

　　제3항은 법무부장관의 이의신청 수리, 결정 및 결과통지에 대해서 규정한 것입니다. 심사결정이란 일련의 강제퇴거절차에 있어서 수집된 모든 증거자료에 근거하여 이의신청이 이유가 있는지 여부에 대하여 법무부장관이 최종적으로 판단하는 것을 말합니다. 용의자가 강제퇴거사유에 해당하는가 여부의 사실을 인정하는 법무부장관의결정은 이의신청이 이유가 있다. 라고 하는 것과 이유가 없다. 라고 하는 것 중 어느 하나입니다. 이유가 있다. 라는 결정은 사무소장의 심사 결정에 명백히 영향을 미친 절차상의 법령위반 법령적용의 잘못 또는 사실의 오인이 있거나 재량권을 일탈 남용하였다고 법무부장관이 판단한 경우입니다.

　　이유가 없다. 라는 결정은 용의자가 강제퇴거사유의 어느 하나에 해당하고 강제퇴거 대상자로 결정한 것이 재량권을 일탈하거나 남용한 것이 아니라고 법무부장관이 판단한 경우입니다. 이의신청에 대한 결정서에는 주문·이유 적용법조 등을 명시하여 작성하고 작성한 결정서는 사무소장 등을 거쳐 용의자에게 교부하여야 합니다. 다만 긴급을 요하는 때에는 구두로 통지한 결정서=를 교부할 있습니다(시행령 제75조 제2 항).

제4항은 법무부장관으로부터 이의신청이 이유 있다는 결정을 통지받으면 용의자에 대한 보호를 계속할 이유가 존재하지 않기 때문에 사무소장 등은 지체 없이 용의자에게 그 뜻을 알리고 즉시 보호를 해제하여야 하며 용의자가 외국인보호소 등에 보호되어 있는 때에는 보호해제사유 등을 기재한 보호해제의뢰서를 외국인보호소 등의 장에게 송부하여야 한다는 규정입니다. 제5항은 법무부장관으로부터 이의신청이 이유가 없다는 결정의 통지를 받은 때에는 사무소장은 용의자에게 그 뜻을 알리고 강제퇴거집행을 위한 절차를 진행한다는 의미입니다.

제13장 이의신청 사유 구체적 작성법

육하원칙(①누가, ②언제, ③어디서, ④무엇을, ⑤어떻게, ⑥왜)을 활용하여 예를 들어, 강제퇴거명령에 불복하는 경우라면, "누가(신청인)는 언제(강제퇴거명령서를 받은 날짜) 어디서(명령을 받은 장소 또는 상황) 무엇을(강제퇴거명령) 어떻게(명령이 부당함을 느끼는 과정) 왜(체류해야 할 특별한 사정, 가족·건강 문제 등)"를 포함해 구체적으로 작성하여야 합니다

이의가 있는 처분의 내용을 구체적 명시하여 합니다. 어떤 처분, 결정, 명령에 이의를 제기하는지 정확히 적어야 합니다. 예를 들어, "연월일자 ○○출입국관리사무소장의 강제퇴거명령에 대하여 이의가 있습니다."과 같이 명확히 기재하여야 합니다.

이의 사유의 논리적·구체적으로 설명하여야 합니다. 단순히 "이의가 있다"고만 쓰지 말고, 왜 이의가 있는지, 어떤 점이 부당하다고 생각하는지 논리적으로 설명하여야 효과적입니다. 예컨대 "가족이 한국에 거주 중이며, 만성질환 치료를 위해 반드시 체류가 필요합니다. 증거로 진단서 및 가족관계증명서를 첨부하는 ㄱ덧이 좋습니다. 또는 "명령서에 기재된 체류기간 만료 사유는 사실과 다르며, 체류 연장 신청이 진행 중이었으나 반영되지 않았습니다"라고 설명하는 식으로 기재하여야 합니다.

증빙자료와의 연계하여 작성하는 것이 좋습니다. 이의 사유를 뒷받침할 수 있는 진단서, 가족관계증명서, 탄원서, 진행 중인 신청서 등 관련 자료를 첨부하고, 그 내용을 이의신청서에 구체적으로 설명하는 것이 좋습니다.

1. 이의신청 사유 기재요령

신청인은 연월일자 ○○출입국관리사무소장의 강제퇴거명령에 대하여 이의가 있습니다. 이는 신청인의 만성질환(질병명 : ○○)으로 인해 한국 내 치료가 반드시 필요하며, 가족(배우자, 자녀)이 모두 한국에 거주 중이기 때문입니다. 라고 기재하

시고 별지 첨부된 진단서와 가족관계증명서에서 이를 확인하실 수 있습니다. 또한, 체류연장 신청이 진행 중이었으나 명령서 발부 시점에 반영되지 않았습니다. 라고 기재하시면 됩니다.

이의 대상을 명확히 표기하여야 합니다. 어떤 처분(예를 들어 강제퇴거명령, 난민불인정결정 등)에 대해 이의를 제기하는지 구체적으로 적어야 합니다. 예컨대 연월일자 ○○출입국관리사무소장의 강제퇴거명령에 이의가 있습니다."라고 기재하시면 됩니다.

이의 사유는 구체적·논리적 설명하는 것이 좋습니다. 단순히"이의가 있다"고만 쓰지 말고, 왜 부당하다고 생각하는지, 어떤 부분이 왜 문제인지 구체적으로 기술해야 합니다. 예를 들어"명령서에 기재된 체류기간 만료 사유는 사실과 다르며, 체류연장 신청이 진행 중이었으나 반영되지 않았습니다"라고 기재하시면 됩니다.

근거 및 증빙자료를 명시하여야 합니다. 이의 사유를 뒷받침할 수 있는 증거(진단서, 가족관계증명서, 진행 중인 신청서 등)를 첨부하고, 그 내용을 이의신청서에 구체적으로 설명해야 합니다. 법적 근거 및 관련 판례(필요시) 언급하고 밝히면 신뢰도가 높아집니다.

이의신청 사유는 명확하고 논리적으로, 근거와 증빙자료를 함께 제시하는 것이 핵심입니다. 단순 불만이 아니라 합리적인 사유와 근거를 바탕으로 작성하는 것이 매우 중요합니다.

2. 강제퇴거명령의 사실관계 오인

강제퇴거명령서에 기재된 위반 사실이 사실과 다르거나, 오해가 있는 경우. 예를 들어, 체류기간 만료가 아니었거나, 체류연장 신청이 진행 중이었으나 반영되지 않은 경우를 설명하여야 합니다.

3. 체류가 필요한 특별한 사유

가족(배우자, 자녀 등)이 한국에 거주 중이고, 가족의 생계나 보호가 필요한 경우. 본인의 만성질환, 치료 등 건강상의 이유로 한국 내 체류가 필수적인 경우. 장기간 한국에서 생활하며 사회적·경제적 기반을 마련한 경우에는 구체적으로 기재하고 설명하여야 합니다.

4. 법적 절차상 위반 또는 재량권 남용

강제퇴거명령 절차에 법적 위반이 있거나, 재량권 행사에 일탈 또는 남용이 있었다고 주장하는 경우, 모국에 돌아갈 경우 생명이나 신체의 안전이 위협받거나, 극심한 경제적 어려움에 처할 수 있는 경우. 진술 또는 변론 기회 부여 요청 구두로 의견을 진술하거나 추가적인 변론의 기회가 필요하다는 사유."신청인은 연월일자 ○○출입국관리사무소장의 강제퇴거명령에 대해 이의가 있습니다. 신청인은 만성질환(질병명 : ○○)으로 인해 한국 내에서 치료가 반드시 필요하며, 가족(배우자, 자녀)이 모두 한국에 거주 중입니다. 첨부된 진단서와 가족관계증명서에서 이를 확인하실 수 있습니다. 또한, 체류연장 신청이 진행 중이었으나 명령서 발부 시점에 반영되지 않았습니다."라고 기재하시면 됩니다.

5. 증빙자료 첨부

이의신청 사유를 뒷받침할 진단서, 가족관계증명서, 탄원서, 진행 중인 신청서 등 관련 자료를 반드시 첨부해야 합니다. 범법 행위가 있었던 경우, 반성과 재발방지 의지를 함께 밝히는 것이 유리합니다. 관련 법률이나 판례가 있다면 함께 언급하면 신뢰도가 높아집니다. 강제퇴거명령 이의신청 사유는 명확하고 구체적으로, 근거와 증빙자료를 함께 제시하는 것이 핵심입니다.

6. 이의신청의 절차적 근거

출입국관리법 제60조 제1항 강제퇴거명령을 받은 외국인은 명령서를 받은 날로부터 7일 이내에 지방출입국·외국인관서의 장을 거쳐 법무부장관에게 이의신청서를 제출할 수 있다고 명시되어 있습니다. 출입국관리법 제60조 제1항 자체가 이의신청의 절차적 근거가 됩니다.

(1) 이의신청의 실질적 근거

강제퇴거명령의 절차상 위반 또는 사실관계 오인은 강제퇴거명령이 절차상 법령을 위반했거나, 사실관계에 오인이 있거나, 적용된 법조가 잘못된 경우, 또는 재량권 행사에 일탈 또는 남용이 있었다고 주장할 수 있습니다. 예를 들어 "출입국관리법 제60조에 따라 강제퇴거명령이 절차상 위반되었다는 사유로 이의신청합니다."라고 기재하시면 됩니다.

(2) 행정절차법 및 행정기본법의 정신

강제퇴거명령 등 외국인의 기본권을 제한하는 처분에는 행정절차법 및 행정기본법의 정신(예컨대 절차적 정당성, 청문권 보장 등)이 적용될 수 있음을 언급할 수 있습니다. 다만, 출입국관리법상 특수성으로 인해 일부 적용이 제한될 수 있음에 유의해야 합니다.

(3) 이의신청의 구체적 주장 예시

(가) 법적 근거 예시 문구

"출입국관리법 제60조에 따라 강제퇴거명령에 이의신청합니다."
"본 강제퇴거명령은 사실관계에 오인이 있으며, 절차상 법령을 위반하였으므로 이의신청합니다."
"출입국관리법 제46조에 해당하지 않는 사유로 강제퇴거명령이 내려졌으므로 이의신청합니다.

(나) 참고사항

법적 근거는 이의신청서의 서두 또는 사유 부분에 명확히 기재하는 것이 더 좋습니다. 관련 판례가 있다면 함께 언급하면 신뢰도가 높아집니다. 이의신청서 제출 시, 관련 법령 조항을 직접 인용하는 것이 중요합니다. 강제퇴거명령 이의신청 사유에서는 출입국관리법 제60조를 반드시 근거로 명시하고, 추가로 절차상 위반, 사실관계 오인, 법조 적용 오류, 재량권 남용 등 구체적 주장을 법적 근거와 함께 제시하는 것이 바람직합니다.

(다) 실체법 위반을 강조하는 이의신청 사유 작성법

적용된 법 조항의 요건 미충족 명시하여야 합니다. 예를 들어"강제퇴거명령이 출입국관리법 제46조에 따른 사유에 해당하지 않으므로, 실체법상 요건을 갖추지 못한 위법한 처분임을 주장합니다."또는 사실관계와 법적 요건 불일치 강조하여야 합니다. 예를 들어"본인은 출입국관리법상 강제퇴거 대상에 해당하지 않는 체류자격을 보유하고 있으며, 체류기간 만료 또는 위반행위가 없으므로 강제퇴거명령은 실체법상 위반임을 주장합니다."라고 기재하시면 됩니다.

(라) 법령상 강제퇴거 사유에 해당하지 않음을 구체적으로 서술

예를 들어"강제퇴거명령서에 기재된 사유(예컨대 체류기간 만료, 허위서류 제출 등)는 사실과 다르며, 법적으로 강제퇴거명령을 내릴 근거가 없습니다."라고 기재하시면 됩니다.

관련 증거 및 자료 첨부하여야 합니다. 예를 들어"체류자격증명서, 입국날짜 증빙, 체류기간 연장신청 접수증 등 첨부하여 본인의 주장을 뒷받침합니다."라고 적습니다. 따라서"신청인은 출입국관리법 제46조에 명시된 강제퇴거 대상에 해당하지 않으며, 체류기간 만료 또는 허위서류 제출 등 강제퇴거 사유가 없습니다. 따라서 강제퇴거명령은 실체법상 요건을 갖추지 못한 위법한 처분임을 주장합니다. 첨부된 체류자격증명서 및 입국날짜 증빙에서 이를 확인하실 수 있습니다."라고 설명하는 식으로 작성하시면 됩니다.

실체법 위반(즉, 법에서 정한 강제퇴거 사유에 해당하지 않는다는 점)을 명확히 주장하고, 그 근거를 구체적으로 제시하는 것이 매우 중요합니다.

제14장 보호일시해제 사유

　보호일시해제 사유는 출입국관리법 및 시행규칙에 따라 아래와 같이 구체적으로 정해져 있습니다. 실제로 신청 시에는 아래 사유 중 본인 상황에 해당하는 내용을 구체적으로 기재하고, 이를 입증할 수 있는 증빙자료를 함께 제출해야 합니다.

1. 보호일시해제 주요 사유

　(1) 신병치료

　　질병이나 부상으로 외국인보호소 내에서 치료가 곤란한 경우, 또는 악화가 우려되는 경우(의사의 진단서, 진료기록부 등 첨부)

　(2) 임신 또는 출산

　　임신 중이거나 출산 직후의 여성 외국인(임신 진단서, 출생증명서 등 첨부)

　(3) 소송 진행

　　본인이 소송의 원고이고 소송가액이 1천만 원 이상인 경우, 또는 소송수행을 위해 외출이 불가피한 경우(소장사본, 소제기 증명원 등 첨부)

　(4) 임대차보증금 또는 임금체불

　　임대차보증금이나 임금체불액이 1천만 원 이상인 경우(임대차계약서, 체불금 확인서 등 첨부)

　(5) 가족 사망 또는 중대한 건강 문제

　　배우자 또는 가족의 사망, 중대한 건강 문제 등으로 인도적 보호가 필요한 경우(사망진단서, 입원치료 사실 확인서 등 첨부)

　(6) 미성년 자녀 양육 등 인도적 사유

　　미성년 자녀를 부양해야 하거나, 본국 가족 간병 등 인도적 사유가 있는 경우(가족관계증명서, 진술서, 탄원서 등 첨부)

(7) 본국 출국 지연

본인의 귀책사유 없이 본국 정세 불안, 항공편 취소 등으로 출국이 지연되는 경우(객관적 입증 자료 필요)

(8) 기타 상당한 사유

위 각 호에 준하는 사유로서, 보호일시해제가 불가피하다고 인정되는 경우(개별 사안에 맞는 증빙자료 필요)

2. 심사 기준 및 제출서류

(1) 심사기준

생명·신체에 중대한 위협, 회복할 수 없는 재산상 손해 우려

국가안전보장, 사회질서, 공중보건 등 국익 해칠 우려

범법사실, 연령, 품성, 조사과정 및 보호시설 생활태도

도주 우려

중대한 인도적 사유

(2) 제출서류

보호일시해제 청구서(별지 제118호 서식)

일시해제 청구사유 소명 자료

보증금 납부능력 소명 자료

(3) 참고사항

보호일시해제는 외국인 본인, 신원보증인, 법정대리인, 배우자, 직계친족, 형제자매, 가족, 등이 신청할 수 있습니다

실무적으로는 보호일시해제 허가가 까다롭고, 신청 사유가 명확하고 충분한 증빙자료가 반드시 필요합니다.

보호일시해제 신청 시 가장 중요한 고려 기준은 피보호자의 생명이나 신체에 중대한 위협이 있거나, 회복할 수 없는 재산상 손해가 발생할 우려가 있는지 여부입니다.

이와 함께, 국가안전보장·사회질서·공중보건 등 국익을 해칠 우려가 있는지, 피보호자의 범법사실·연령·품성, 조사과정 및 보호시설에서의 생활태도, 도주할 우려가 있는지도 함께 평가됩니다. 마지막으로, 중대한 인도적 사유가 있는지도 중요한 심사 기준입니다

실무적으로는 특히 중대한 인도적 사유(예: 질병, 임신, 출산, 가족 간병, 자녀 양육, 가족 사망 등)가 있을 때 보호일시해제 허가가 더 용이하게 이루어질 수 있습니다. 다시 말해 생명·신체의 위험 또는 인도적 사유가 가장 핵심적인 고려 기준입니다. 이와 함께, 도주 위험성이나 국익에 해가 되는지 여부도 매우 중요하게 판단됩니다.

보호일시해제 신청 시 가장 중요한 심사 기준은 중대한 인도적 사유의 존재 여부입니다. 이는 생명·신체의 위협, 회복 불가능한 재산상 손해, 가족 돌봄 등 긴급한 상황이 포함되며, 다른 기준보다 우선적으로 고려됩니다.

3. 인도적 사유

(1) 구체적이고 객관적인 사유 제시

단순한 불편이나 일반적 상황이 아니라, 생명·신체의 위협, 회복할 수 없는 재산상 손해, 가족 돌봄 등 중대한 인도적 필요성이 있어야 합니다.

(2) 증빙자료의 제출

예를 들어, 질병이나 부상의 경우 의사의 진단서, 입원 또는 치료 사실 확인서 등 의료기관의 공식 자료가 필요합니다.

가족 간병, 자녀 양육, 가족 사망 등 인도적 사유의 경우 가족관계증명서, 사망진단서, 탄원서, 진술서 등 객관적 서류가 요구됩니다.

(3) 상황의 긴급성 및 불가피성

보호일시해제가 없을 경우 생명, 건강, 가족의 생계 등에 심각한 피해가 발생할 수 있다는 점을 명확히 소명해야 합니다.

(4) 도주 우려 및 국익 저해 없는지 확인

인도적 사유가 인정되더라도 도주 위험성이나 사회질서·공중보건 등 국익을 해칠 우려가 없어야 합니다. 즉, 중대한 인도적 사유가 있음을 객관적 증빙자료로 입증하고, 그 사유가 긴급하며 불가피하다는 점, 그리고 도주 우려나 국익 저해가 없다는 점이 모두 충족되어야 인도적 사유가 인정됩니다.

인도적 사유가 인정되려면 생명이나 신체의 안전에 직접적이고 심각한 위험이 발생하거나, 회복 불가능한 재산상 손해가 예상되는 등 긴급하고 불가피한 상황이 필요합니다. 대표적으로 다음과 같은 사례가 해당됩니다.

(가) 생명·신체의 위협

질병이나 부상으로 인해 즉각적인 치료 또는 입원이 필요하며, 보호 상태에서는 치료가 불가능하거나 건강이 악화될 우려가 있는 경우, 임신 또는 출산 등으로 인해 보호소에서의 생활이 건강에 심각한 영향을 미칠 수 있는 경우.

(나) 가족 돌봄 또는 자녀 양육

미성년 자녀가 부양이 필요하거나, 가족(배우자, 부모 등)이 중증 질환 또는 사망 등으로 인해 돌봄이 절실히 필요한 경우.

(다) 가족 사망 등 중대한 가족적 사유

가족의 사망 등으로 인해 장례식 참석이나 유가족 지원이 불가피한 경우.

기타 중대한 인도적 사유

본국 정세 불안, 전쟁, 재난 등으로 인해 본국 송환이 사실상 불가능하거나, 귀국 시 생명·신체의 위험에 처할 수 있는 경우.

이러한 상황에서 진단서, 사망진단서, 가족관계증명서 등 객관적 증빙자료를 제출해야 하며, 상황의 긴급성과 불가피성이 명확히 소명되어야 인도적 사유가 인정됩니다.

즉, 단순한 불편이나 일상적 어려움이 아니라, 생명·신체·가족 등에 중대한 위험이 발생하거나, 회복 불가능한 손실이 예상되는 상황이어야 합니다.

4. 긴급한 인도적 사유

(1) 질병 및 치료

심각한 질병이나 부상으로 인해 즉각적인 치료나 입원이 필요하며, 보호소 내에서는 치료가 불가능한 경우

(2) 임신 또는 출산

임신 중이거나 출산 직후로, 보호소에서의 생활이 건강에 심각한 영향을 미칠 수 있는 경우

(3) 가족의 위중한 건강 또는 사망

가족(배우자, 부모, 자녀 등)이 위중하거나 사망하여 장례식 참석, 유가족 돌봄 등이 불가피한 경우

(4) 미성년 자녀 양육

미성년 자녀가 부양이 필요하고, 대체 부양자가 없는 경우

(5) 본국 송환 불가(정세 불안, 전쟁 등)

본국이 전쟁, 내란, 자연재해 등으로 송환이 사실상 불가능하거나, 귀국 시 생명·신체의 위험에 처할 수 있는 경우

(6) 기타 중대한 인도적 사유

본인의 긴급한 수술, 가족 간병, 또는 기타 중대한 인도적 필요성이 객관적으로 입증되는 경우

이러한 상황은 모두 긴급성과 불가피성이 명확히 소명되어야 하며, 진단서, 사망진단서, 가족관계증명서 등 객관적 증빙자료가 반드시 필요합니다.

제15장 강제퇴거명령서의 집행

출입국관리법 제62조(강제퇴거명령서의 집행) 제1항 강제퇴거명령서는 출입국관리공무원이 집행한다. 제2항 지방출입국·외국인관서의 장은 사법경찰관리에게 강제퇴거명령서의 집행을 의뢰할 수 있다. 제3항 강제퇴거명령서를 집행할 때에는 그 명령을 받은 사람에게 강제퇴거명령서를 내보이고 지체 없이 그를 제64조에 따른 송환국으로 송환하여야 한다. 다만, 제76조제1항에 따라 선박 등의 장이나 운수업자가 송환하게 되는 경우에는 출입국관리공무원은 그 선박 등의 장이나 운수업자에게 그를 인도할 수 있다. 제4항 제3항에도 불구하고 강제퇴거명령을 받은 사람이 다음 각 호의 어느 하나에 해당하는 경우에는 송환하여서는 아니 된다. 다만, 「난민법」에 따른 난민신청자가 대한민국의 공공의 안전을 해쳤거나 해칠 우려가 있다고 인정되면 그러하지 아니하다. 1. 「난민법」에 따라 난민인정 신청을 하였으나 난민인정 여부가 결정되지 아니한 경우 2. 「난민법」 제21조에 따라 이의신청을 하였으나 이에 대한 심사가 끝나지 아니한 경우를 규정하고 있습니다.

위 제62조는 강제퇴거명령서의 집행에 대해 규정한 것입니다- 강제퇴거명령서의 집행은 출입국관리공무원 등(사무소장·출장소장 또는 외국인보호소장으로부터 깅제퇴거명령서의 집행을 의뢰받은 사법경찰관리 포힘힙니다) 강제퇴거명령을 받은 외국인을 대한민국 밖의 지역으로 송환하는 것을 말하며 목적 달성을 위해 필요한 강제퇴거 대상자의 보호·호송 등을 포함합니다. 강제퇴거명령서 집행은 출입국관리공무원이 하는 것이 원칙이나 출입국관리법 제76조에 따라 선박 등의 또는 운수업자 등에게 송환의무가 있는 경우에는 강제퇴거명령을 받은 외국인을 운수업자 등에게 인도하여 운수업자 등으로 하여금 송환하는 방법으로 강제퇴거명령서를 집행하기도 합니다.

출입국관리법상 강제퇴거명령서의 집행은 단순히 강제퇴거명령을 받은 외국인을 우리나라 영역 외로 추방하는 것으로 족하지 않고 해당 외국인을 송환할 국가로 확실히 보냄으로써 비로소 완료되는 것입니다. 제1항은 출입국관리공무원이 하는 강제퇴거명령서 집행, 즉 출입국관리공무원이 강제퇴거명령서를 발부받은 외국인을 보호, 호송, 송환하는 것에 대하여 규정하고 있습니다.

강제퇴거명령서는 출입국관리공무원이 이를 집행한다. 라고 되어 있으므로 출입국관리공무원은 강제퇴거명령을 받은 외국인을 소정의 송환국에 송환하여야 합니다. 출입국관리공무원이 제62조 제1항의 규정에 의하여 강제퇴거명령서를 집행하는 때에는 당해 외국인의 보관금이나 영치물품 등의 환부 여부를 확인하여야 합니다(시행령 제77조 제1항). 제2항은 강제퇴거명령서 집행은 출입국관리공무원이 하는 것이 원칙이지만 제2항은 예외로써 사법경찰관리(경찰 해경)에게 집행을 의뢰할 수 있는 경우를 규정하고 있습니다.

사무소장 등은 사법경찰관리에게 강제퇴거명령서 집행을 의뢰할 때에는 집행 의뢰서(출입국관리법 시행규칙 제83조에 근거한 별지 114 서식) 발부하여 강제퇴거명령서와 함께 이를 교부하여야 하며 긴급을 요하는 때에는 강제퇴거명령서만을 교부하고 구두로 의뢰할 있습니다(시행령 제77조 제2항). 또한 강제퇴거명령서 집행을 의뢰받은 사법경찰관리는 송환을 마치거나 집행이 불가능하여 집행하지 못한 때에는 강제퇴거명령서에 사유를 기재하여 지체 없이 의뢰자인 사무소장 등에게 제출하여야 합니다(시행령 제77조 제3항).

강제퇴거명령서의 서식은 정해져 있으며(출입국관리법 시행규칙 제83조에 근거한 별지 110 서식) 대상자(성명. 생년월일·국적·직업, 국내 주소) 강제퇴거 이유 송환국, 집행방범 소정사항이 명시되어 있으므로 집행을 사법경찰관리에게 의뢰하여도 적절한 집행을 기대할 있습니다. 제3항은 강제퇴거명령서 집행방법에 관한 규정으로 출입국관리공무원등(전 항의 규정에 의해 강제퇴거명령서를 집행하는 사법경찰관리 포함합니다) 강제퇴거명령서를 집행할 때에는 강제퇴거명령서를 당해 외국인에게 제시하고 신속하게 송환국에 송환하여야 것과 운수업자 등에게 송환의 무가 있는 경우에는 당해 외국인을 운수업자 등에게 인도하여야 한다고 규정하고 있습니다.

출입국관리공무원은 항에 규정되어 있는 것처럼 강제퇴거명령을 받은 외국인을 신속히 송환하여야 할 의무가 있으므로 객관적으로 송환이 가능함에도 불구하고 송환시기=를 지체하여 보호를 계속해서는 아니 됩니다. 강제퇴거명령서 집행 방법으로는 출입국관리공무원이 당해 외국인에 대해서 강제퇴거명령서룰 제시하고 그 자를 보호하여 송환하기 위한 선박 또는 항공기까지 호송하여 탑승시키고 출국을 확인하는 형태가 가장 일반적입니다.

이외의 방법으로서는 출입국관리공무원이 송환국까지 강제퇴거명령을 받은 자를 호송하여 그 자를 본국의 관청에 인도할 수 있고 동일 국에 다수의 강제퇴거명령 대상자를 일시에 송환할 경우에는 항공기 또는 선박을 빌려서 본국까지 집단 호송하는 방법도 있을 있으며 해상 밀입국자의 경우는 당해 선박을 이용해 송환할 수도 있습니다.

제16장 강제퇴거명령을 받은 사람의 보호 및 보호해제

출입국관리법 제63조(강제퇴거명령을 받은 사람의 보호 및 보호해제) 제1항 지방출입국·외국인관서의 장은 강제퇴거명령을 받은 사람을 여권 미소지 또는 교통편 미확보 등의 사유로 즉시 대한민국 밖으로 송환할 수 없으면 송환할 수 있을 때까지 그를 보호시설에 보호할 수 있다. 제2항 지방출입국·외국인관서의 장은 제1항에 따라 보호할 때 그 기간이 3개월을 넘는 경우에는 3개월마다 미리 법무부장관의 승인을 받아야 한다. 제3항 지방출입국·외국인관서의 장은 제2항의 승인을 받지 못하면 지체 없이 보호를 해제하여야 한다. 제4항 지방출입국·외국인관서의 장은 강제퇴거명령을 받은 사람이 다른 국가로부터 입국이 거부되는 등의 사유로 송환될 수 없음이 명백하게 된 경우에는 그의 보호를 해제할 수 있다. 제5항 지방출입국·외국인관서의 장은 제3항 또는 제4항에 따라 보호를 해제하는 경우에는 주거의 제한이나 그 밖에 필요한 조건을 붙일 수 있다. 제6항 제1항에 따라 보호하는 경우에는 제53조부터 제55조까지, 제56조의2부터 제56조의9까지 및 제57조를 준용한다. [헌법불합치, 2020헌가1, 2023.3.23, 출입국관리법(2014. 3. 18. 법률 제12421호로 개정된 것) 제63조 제1항은 헌법에 합치되지 아니한다. 위 법률조항은 2025. 5. 31.을 시한으로 입법자가 개정할 때까지 계속 적용된다. 라고 규정하고 있습니다.

위 제63조는 강제퇴거명령을 받은 자를 즉시 대한민국 밖으로 송환할 없는 때에는 송환이 가능할 때까지 신병을 보호하는 요건 절차 등에 대해 규정한 것입니다 강제퇴거명령을 받은 자에 대해서는 신속히 우리 사회에서 배제하는 것이 바람직하므로 언제든지 송환할 있는 담보장치가 필요할 뿐만 아니라 법익 침해자의 격려 차원에서도 일정한 장소에 보호할 필요가 있습니다. 그러나 강제퇴거명령을 받은 자가 다른 국가로부터 입국이 거부되는 등의 사유로 송환될 수 없음이 명백하게 때에는 인도적인 차원에서 일정한 조건하에 그의 보호冊 해제할 수 있도록 하고 있습니다.

위 제1항은 강제퇴거명령을 받은 자를 즉시 송환할 없을 경우의 보호에 관한 규정입니다. 제1항은 사무소장·출장소장 또는 외국인보호소장은 강제퇴거명령을 받고 있는 자를 즉시 우리나라 밖으로 송환할 없을 때에는 송환가능 할 때까지 그 자를 외국인 보호시설(외국인보호실·외국인보호소·기타 법무부장관이 지정하는 장소) 보호할 있다는 것을 정한 것으로, 이 경우 보호는 강제퇴거명령서의 효력을 전제로 하는 처분입니다. 재1항에서 정하는 보호는 사무소장·출장소장 또는 외국인보호소장이 발부한 강제퇴거명령서를 근거하여 송환가능 때까지 강제퇴거명령을 받은 자를 보호 시 유치하는 행정처분이라고 정의할 수 있으며, 실제 보호에 있어서는 별지 제95호 서식의 보호명령서를 강제퇴거명령을 받은 자에게 제시하여야 합니다. 사무소장 등은 법 제63조 제1항의 규정에 의하여 강제퇴거명령을 받은 자를 송환할 수 있을 때까지 보호하고자 하는 경우 강제퇴거를 위한 보호명령서를 발부하여 이를 강제퇴거명령을 받은 자에게 보여야 합니다(시행령 제78조).

강제퇴거명령을 받은 자에 대한 보호는 강제퇴거명령을 받은 자의 송환을 확실히 집행하기 위해 신병을 확보하는 것이므로 다른 방법으로 신병확보가 가능하다면 보호하지 않을 수도 있으나 강제퇴거명령을 받은 자는 국내 체류활동이 금지된 자인 바, 실무적으로는 중환자 등 보호자체가 원천적으로 불가능한 자를 제외하고는 보호하고 있습니다. 다만 강제퇴거명령을 받은 자의 정상 등을 참작하여 본인 등의 신청을 받아 보호의 일시해제를 허가하기도 합니다.

법 제51조의 출입국관리법 위반용의자에 대한 조사를 위한 보호의 경우에는 보호기간아 최장 20일로 정해져 있지만(법 52조 제1항) 본 항의 강제퇴거명령서에 의한 보호의 경우에는 기간이 정해져 있지 않으므로 사무소장 등은 송환이 가능할 때까지 강제퇴거명령을 받은 자를 보호할 수 있습니다. 다만 동항에서 언급한 "여권 미소지 또는 교통편 미확보 등의 사유로" 본인의 귀책사유 여부를 불문하고 장기보호가 적용될 수 있는 불가피한 상황을 상정한 것입니다. 제2항은 보호된 외국인의 보호기간이 3개월을 초과하게 되면 3개월 마다 법무부장관의 승인을 받도록 하고 제3항은 제2항에 따른 승인을 받지 못하면 보호를 해제하도록 하여 장기 보호에 대해 절차적 통제 장치를 규정한 것입니다.

　강제퇴거대상자의 경우 출국에 필요한 여권 항공권의 발급 등에 일정한 기간이 소요되어 평균 11일 정도 보호되고 있으나 일부 외국인이 장기간 보호되어 있는 사유로는 첫째, 체불임금 개인의 고충해결 둘째, 강제퇴거 이의신청 소송제기 또는 국가인권위원회 진정 셋째, 여권미소지 넷째, 난민신청 심사대기 등의 사유로 인해 즉시 송환이 불가능하거나 본인의 사정을 고려한 사항이 대부분입니다. 제4항은 보호시설에 보호되어 있는 강제퇴거명령을 받은 자를 송환할 없는 것이 명백해졌을 때의 보호해제에 대해서 정한 것입니다. 사무소장 등은 강제퇴거명령을 받은 자를 송환할 없는 것이 명백해졌을 때는 일정한 조건을 붙여 그 자를 보호 해제할 수 있고 보호해제를 할지 여부의 판단은 사무소장 등의 자유재량에 맡겨져 있으며 법 제65조의 보호일시해제와 달리 강제퇴거명령을 받은 등의 신청 없이 사무소장 등의 직권으로 이루어집니다. 이 경우 보호일시 해제 여부의 결정은 기속재량으로 보아야 합니다. 제5항은 강제퇴거명령을 받은 자는 송환이 가능할 때까지 보호시설에 보호되는 것이 원칙이지만 제3항 또는 제4항에서와 같이 객관적 사정에 의해 송환이 명백히 불가능하게 된 경우에도 보호를 계속하는 것은 인도적인 차원에서 바람직하지 않으므로 보호를 해제하여야 하나 강제퇴거명령서가 발부된 자이므로 주거 및 행동범위 제한 출석요구 출두의무 기타 필요하다고 인정하는 조건을 붙여 강제퇴거명령을 받은 자에 대한 보호를 해제하는 것이 바람직합니다.

　사무소장 등은 본 항에 의하여 보호를 해제하는 때에는 해제사유 주거의 제한 기타 필요한 조건을 기재한 보호해제통보서(별지 제117호 서식) 강제퇴거명령을 받은 자에게 교부하여야 하고 강제퇴거명령을 받은 자가 외국인ㅂ=보호소 등에 보호되어 있는 때에는 보호해제사유 등을 기재한 보호해제의뢰서(별지 제102호 서식) 외국인보호소 등의 장에게 송부하여야 합니다(시행령 제[78조 제2호). 사무소장 등은 보호 해제된 강제퇴거명령을 받은 자가 주거제한 조건을 지키지 않은 경우 법 제66조에 따라 보호해제를 취소하고 강제퇴거명령서에 근거하여 다시 보호할 있으며 실무상 이러한 상황발생에 대비하여 보호해제결정시 주어진 조건을 위반할 때에는 보호해제를 취소한다는 취지의 =부관을 붙여야 합니다(ㅂ보호해제 취소절차에 대해서는 제66조 참조).

사무소장·출장소장 또는 외국인보호소장은 보호로부터 일시 해제된 자가 도주하거나 도주할 염려가 있다고 인정되거나 정당한 사유 없이 출석명령에 따르지 아니한 그 밖에 일시해제에 붙인 조건을 위반한 경우에는 보호의 일시해제를 취소하고 다시 보호의 조치를 할 수 있습니다(법 제66조). 사무소장·출장소장 또는 보호소장은 제3항 또는 제4항의 규정에 의하여 보호를 해제한자에 대하여는 주거의 제한 기타 조건의 여부 그의 동향을 파악하여 합니다(시행령 제78조 제3항).송환될 수 없음이 명백하게 된 때에는 제반사정에 외해 상당히 장기간에 걸쳐 송환이 불가능한 객관적 사정이 있는 경우를 말하는 것으로 강제퇴거명령을 받은 자를 받아들이는 국가의 일시적인 거부 본인의 일시적인 여권의 유효기간 도과, 소송 등에 따른 송환불능은 이에 해당하지 않습니다. 또는 제4항의 보호 해제는 강제퇴거명령을 받은 자이지만 제2항에 따른 법무=부장관의 승인을 받지 못하였거나 송환할 수 없는 것이 명백한 점을 이유로 보호를 해제하는 것이므로, 장래 사정변경 등에 의해 송환이 가능해지면 이미 발부된 강제퇴거명령서에 근거하여 그 자는 송환되는 것이며 이 역시 강제퇴거명령서 집행에 해당됩니다. 또는 제4항의 규정에 의하여 보호된 자로서 보호 해제 시 붙여진 조건에 위반한 자는 제66조에 의한 보호해제 취소 외에 1년 이하의 징역이나 금고 또는 1천만 원 이하의 벌금에 처합니다(법 제95조 제9항). 제6항은 제1항에 따라 보호하는 경우 법 제53조부터 제55조까지 제56조의2부터 제56조의9까지 제57조를 준용한다고 규정하고 있습니다.

출입국관리공무원이 보호명령서를 집행할 때에는 용의자에게 이를 내보여야하고 (53조) 용의자를 보호한 때에는 국내에 있는 그의 법정대리인·배우자·형제자매·가족. 변호인 또는 용의자가 지정하는 자에게 3일 이내에 보호일시·장소 이유를 서면으로 통지하여야 하고 법정대리인이 없거나 용의자가 통지받을 자를 지정하지 아니할 때에는 사유를 서면으로 기재하고 통지를 하지 아니할 있습니다(제54조). 또한 보호명령서에 의하여 보호된 자 또는 그의 법정대리인 등은 사무소장·출장소장 또는 외국인보호소장을 거쳐 법무부장관에게 보호에 대한 이의신청을 할 수 있으며(제55조), 제56조의 2부터 제56조의 9까지 및 제57조는 긴급사태발생시 피보호자의 긴급이송, 피보호자의 인권존중 강제력 행사 근거 신체 등의 검사, 면회영상정보 처리기기 등을 통한 안전대책과 청원 이의신청 절차 등의 보호시설 내 게시 피보호자의 급양 및 관리에 관한 규정입니다.

최신서식

제17장 출입국관리법 구제 최신서식

1. 체류자격별 체류기간의 상한

체류자격별 체류기간의 상한(제18조의3 관련)

체류자격(기호)	체류기간의 상한	체류자격(기호)	체류기간의 상한
외교(A-1)	재임기간	구직(D-10)	1년
공무(A-2)	공무수행기간	교수(E-1)	5년
협정(A-3)	신분존속기간 또는 협정 상의 체류기간	회화지도(E-2)	2년
		연구(E-3)	5년
문화예술(D-1)	2년	기술지도(E-4)	5년
유학(D-2)	2년	전문직업(E-5)	5년
기술연수(D-3)	2년	예술흥행(E-6)	2년
일반연수(D-4)	2년	특정활동(E-7)	3년
		계절근로(E-8)	8개월
취재(D-5)	2년	비전문취업(E-9)	3년
종교(D-6)	2년	선원취업(E-10)	3년
주재(D-7)	3년	방문동거(F-1)	2년
기업투자(D-8)	영 별표 1의2 11. 기업투자(D-8)란의 가목에 해당하는 사람 : 5년	거주(F-2)	5년
		동반(F-3)	동반하는 본인에 정하여진 기간
		재외동포(F-4)	3년
	영 별표 1의2 11. 기업투자(D-8)란의 나목·다목에 해당하는 사람 : 2년	결혼이민(F-6)	3년

		기타(G-1)	1년
		관광취업(H-1)	협정 상의 체류기간
무역경영(D-9)	2년	방문취업(H-2)	3년

※ 위 별표에도 불구하고 법무부장관은 필요하다고 인정하는 경우 법 제25조에 따라 체류 기간의 상한을 초과하여 체류를 허가할 수 있음.

2. 사증발급 신청 등 첨부서류

사증발급 신청 등 첨부 서류 (제76조제1항 관련)

《유의 사항》

1. 재외공관의 장 또는 청장·사무소장·출장소장은 특히 필요하다고 인정되는 때에는 첨부서류의 일부를 더하거나 뺄 수 있다.
2. 재입국허가의 신청은 첨부서류 없이 한다. 다만, 외교(A-1)·공무(A-2)·협정(A-3) 체류자격 소지자는 재직을 증명하는 서류를 첨부하여야 한다.
3. 신청인이 체류자격 외 활동허가 등 대한민국에서 체류허가를 신청 할 때 이미 제출 하여 출입국·외국인청, 출입국·외국인사무소 또는 출장소에 보관 중인 서류는 제 출을 생략할 수 있다.
4. 첨부서류 중 분량이 많은 서류는 이를 발췌하여 사용하게 하는 등 필요 없는 서류 를 제출하게 하는 일이 없도록 하여야 한다.
5. 신원보증서의 보증기간이 4년 이상인 때에도 4년을 한도로 하여 이를 인정하고, 각 종 허가를 할 때의 허가기간은 신원보증서의 보증기간을 초과할 수 없다.

체류자격 (기호)	첨부 서류
공통 사항	○ 여권 및 여권사본 ○ 재외공관 지정병원에서 발급한 결핵 건강진단서 - 결핵 고위험 국가에 거주하는 결핵 고위험 국가의 국민이 대한민 국에 90일을 초과하여 체류할 목적으로 사증을 신청하는 등 법 무부장관이 정하는 요건에 해당하는 경우에만 제출한다. ○ 파견·재직을 증명하는 서류 또는 해당국 외교부장관의 협조공한(신

외교 (A-1)	분사실증명의 제시 등에 의하여 해당 신분임이 확인되는 때에는 구술서로 갈음할 수 있음) ※ 외교관여권 소지여부 확인. 다만, 일반여권을 소지한 사람은 외교업무 수행자 및 그 가족에 한정한다.
공무 (A-2)	○ 파견·재직을 증명하는 서류 또는 해당국 외교부장관이나 소속부처 장관의 공한(공무수행임을 입증하는 내용을 명시하여야 한다) ※ 관용여권 또는 신분증명서 소지여부 확인. 다만, 일반여권을 소지한 사람은 공무수행자 또는 국제기구 근무자 및 그 가족에 한정한다.
협정 (A-3)	○ 파견·재직을 증명하는 서류 또는 해당국 외교부장관이나 소속부처 장관의 공한 ※ 관용여권 또는 신분증명서 소지여부 확인
일시취재 (C-1)	○ 소속회사의 파견증명서·재직증명서 또는 외신보도증 사본
단기방문 (C-3)	○ 상용목적 등 입국목적을 증명할 수 있는 서류
단기취업 (C-4)	○ 고용계약서 또는 용역계약서 등 ○ 소관 중앙행정기관의 장의 고용추천서[「공연법」에 따른 공연활동의 경우에는 「영화 및 비디오물의 진흥에 관한 법률」에 따른 영상물등급위원회(이하 "영상물등급위원회"라 한다)의 공연추천서]·협조공문 또는 고용의 필요성을 입증할 수 있는 서류
문화예술 (D-1)	○ 초청장 ○ 문화예술단체임을 입증하는 서류 - 전문가의 지도인 경우에는 그 사람의 경력증명서 ※ "전문가"란 무형문화재 또는 국가공인 기능보유자 등을 말한다. ○ 이력서 또는 경력증명서 ○ 체류 중 일체의 경비지급능력을 증명하는 서류

유학 (D-2)	1. 정규과정의 교육을 받고자 하는 경우 　　○ 수학능력 및 재정능력 심사결정 내용이 포함된 표준입학허가서(총 　　　 · 학장 발행) 2. 특정의 연구를 하고자 하는 경우 　　○ 연구활동임을 입증하는 서류 　　○ 최종학력증명서 　　○ 신원보증서 또는 재정입증 관련서류
기술연수 (D-3)	○ 연수산업체가 작성한 연수계획서 ○ 임금 또는 급여대장 사본 ○ 외국인 기술연수 해당 산업체임을 입증할 수 있는 서류 ○ 신원보증서
일반연수 (D-4)	1. 대학부설 어학원에서 어학을 배우는 학생 또는 대학 간 학술교류협 　정으로 산학연수를 위한 교환학생의 경우 　　○ 입학 또는 재학을 입증하는 서류 　　○ 재정입증 관련서류 또는 대학 간 학술교류협정 서류 　　○ 신원보증서(학비 등 체류 중 필요한 경비지급능력을 입증하지 못 　　　 하거나 법무부장관이 특히 필요하다고 인정하는 경우에 한정한다) 2. 초 · 중 · 고등학교에 재학하는 학생의 경우 　　○ 입학허가서 　　○ 재학증명서 또는 졸업증명서 　　○ 재정입증 관련서류 3. 그 밖의 연수의 경우 　　○ 연수를 증명하는 서류 　　○ 연수기관의 설립 관련서류 　　○ 재정입증 관련서류 　　　 - 연수기관이 체류경비 등을 부담하는 경우는 경비 부담 확인서 　　　 - 그 밖의 경우에는 국내송금이나 환전 증명서

	○ 신원보증서(연수비용 등 체류 중 필요한 경비 지급 능력을 증명 하지 못하거나 법무부장관이 특히 필요하다고 인정하는 경우에만 해당한다)
취재 (D-5)	○ 파견명령서 또는 재직증명서 ○ 국내 지국·지사의 설치허가증이나 국내 지국·지사의 운영자금 도입 실적 증빙서류
종교 (D-6)	○ 파견명령서 ○ 종교단체 설립허가서 또는 사회복지단체 설립허가서 사본 ○ 소속단체의 체류경비 지원 관련서류

주 재
(D-7)
	1. 영 별표 1의2 중 10. 주재(D-7)란의 가목에 해당하는 사람
	  ○ 외국 소재 회사 등 재직증명서
	  ○ 인사명령서(파견명령서)
	  ○ 국내 지점 등 설치 입증서류
	  ○ 외국환 매입증명서 등 영업자금 도입실적 입증서류(또는 사업
	    계획서)
	2. 영 별표 1의2 중 10. 주재(D-7)란의 나목에 해당하는 사람
	  ○ 본사의 등기사항전부증명서
	  ○ 해외 직접투자신고 수리서 또는 해외지점 설치신고 수리서
	  ○ 해외 송금사실 입증서류
	  ○ 해외지사의 법인등기사항전부증명서 또는 사업자등록증
	  ○ 해외지사에서의 재직증명서 및 납부내역증명서
	  ○ 인사명령서(파견명령서)

기업투자
(D-8)
	1. 영 별표 1의2 중 11. 기업투자(D-8)란의 가목에 해당하는 사람
	  ○ 파견명령서 또는 재직증명서
	  ○ 외국인투자신고서(법인등기사항전부증명서 또는 사업자등록증 사
	    본) 또는 투자기업등록증 사본
	2. 영 별표 1의2 중 11. 기업투자(D-8)란의 나목에 해당하는 사람

	○ 벤처기업확인서 또는 이에 준하는 서류
	
	○ 지식재산권, 그 밖에 이에 준하는 기술과 그 사용 관한 권리 등을 보유하고 있음을 입증하는 서류
	
	3. 영 별표 1의2 중 11. 기업투자(D-8)란의 다목에 해당하는 사람
	  ○ 학력증명서
	  ○ 지식재산권 보유 또는 이에 준하는 기술력 등 입증서류
	  ○ 법인등기사항전부증명서

무역경영
(D-9)
	1. 선박건조·설비제작 감독 또는 수출설비(기계)의 설치·운영·보수 업무를 하려는 경우
	  ○ 재직증명서
	  ○ 법인등기사항전부증명서 또는 사업자등록증 사본
	  ○ 영업자금 도입실적 증빙서류 또는 사업계획서 사본
	  ○ 연간 납세증명서
	
	2. 회사경영, 영리사업을 하는 경우
	  ○ 사업자등록증 사본
	  ○ 사업자금 도입관련 입증서류
	  ○ 사업장 존재 입증서류
	
	3. 한국무역협회장으로부터 무역업 고유번호를 부여받고 무역업을 하는 경우
	  ○ 사업자등록증 사본
	  ○ 무역업 고유번호부여증(한국무역협회 발행)
	  ○ 사업장 존재 입증서류
	  ○ 무역업 점수제 해당 점수 입증서류

구직
(D-10)
	1. 영 별표 1의2 중 13. 구직(D-10)란의 가목에 해당하는 사람
	  ○ 학력증명서 또는 경력증명서
	
	2. 영 별표 1의2 중 13. 구직(D-10)란의 나목에 해당하는 사람
	  ○ 학력증명서
	  ○ 창업준비 계획서

교수 (E-1)	○ 경력증명서 ○ 고용계약서 또는 임용예정 확인서
회화지도 (E-2)	1. 교육부 또는 시·도 교육청 주관으로 모집·선발되어 초·중등학교에서 외국어 회화지도에 종사하려는 사람 　○ 학위증(졸업증명서) 또는 재학증명서(자국 소재 대한민국 공관 확인 필요) 　○ 시·도 교육감이나 국립국제교육원장이 발급한 합격통지서·초청장 또는 시·도 교육감의 고용추천서 2. 그 밖의 기관·단체에서 외국어 회화지도에 종사하려는 사람 　○ 학위증 사본(자국 소재 대한민국 공관이 확인한 것을 말한다) 　○ 국적국의 관할 기관이 발급한 범죄경력에 관한 증명서(국적국 정부, 국적국 주재 대한민국 공관 또는 국내 국적국 공관이 확인한 것을 말한다) 　○ 건강확인서(별지 제21호의3서식) 　○ 고용계약서 　○ 학원 또는 단체 설립 관련서류
연구 (E-3)	○ 초청기관 설립 관련서류 ○ 학위증 및 경력증명서 ○ 고용계약서
기술지도 (E-4)	○ 파견명령서 또는 재직증명서 ○ 기술도입 계약 신고수리서·기술도입 계약서(또는 용역거래인증서) 또는 방위산업체 지정서 사본 ○ 사업자등록증, 법인등기사항전부증명서 등 공공기관·민간단체 설립 사실에 관한 입증서류
전문직업 (E-5)	○ 학위증 및 자격증 사본 ○ 소관 중앙행정기관의 장의 고용추천서(경제자유구역 내에서 취업활동을 하려는 사람은 관할 특별시장·광역시장·도지사의 고용추천서)

	또는 고용의 필요성을 입증할 수 있는 서류
	○ 고용계약서
예술흥행 (E-6)	1. 「공연법」에 따라 공연을 하고자 하는 경우 　○ 영상물등급위원회의 공연추천서 　○ 공연계획서 2. 「관광진흥법」에 따른 호텔업시설, 유흥업소 등에서 제1호를 제외한 공연 또는 연예활동에 종사하고자 하는 경우 　○ 영상물등급위원회의 공연추천서 　○ 연예활동 계획서 　○ 자격증명서 또는 경력증명서 　○ 신원보증서 3. 그 밖의 경우 　○ 소관 중앙행정기관의 장의 고용추천서 또는 고용의 필요성을 입증할 수 있는 서류 　○ 자격증명서 또는 경력증명서
특정활동 (E-7)	○ 학위증 또는 자격증 사본 ○ 고용계약서 ○ 소관 중앙행정기관의 장의 고용추천서(경제자유구역 내에서 취업활동을 하려는 사람은 관할 특별시장·광역시장·도지사의 고용추천서) 또는 고용의 필요성을 입증할 수 있는 서류 ○ 사업자등록증, 법인등기사항전부증명서 등 공공기관·민간단체 설립 사실에 관한 입증서류 ○ 신원보증서(법무부장관이 고시한 근무처 변경·추가 신고가 제한되는 직종의 종사자만 해당한다)
계절근로 (E-8)	○ 고용계약서 ○ 건강확인서(별지 제21호의3서식) ○ 국적국의 권한 있는 기관이 발급한 공적 문서로서 국적국 내에서의

	범죄경력이 포함 되어 있는 증명서
	○ 그 밖에 법무부장관이 필요하다고 인정하는 서류
비전문취업 (E-9)	○ 「외국인근로자의 고용 등에 관한 법률」 제8조에 따른 외국인근로자 고용허가서
	○ 표준근로계약서
	○ 사업자등록증, 법인등기사항전부증명서 등 사업 또는 사업장 관련 입증서류
	○ 국적국의 권한 있는 기관이 발급한 공적 문서로서 국적국 내에서의 범죄경력이 포함되어 있는 증명서
	○ 건강확인서(별지 제21호의3서식)
	○ 신원보증서
	○ 그 밖에 법무부장관이 필요하다고 인정하는 서류
선원취업 (E-10)	○ 선원근로계약서
	○ 「해운법」에 따른 내항여객운송사업 면허증·내항화물운송사업 등록증·순항여객운송사업 면허증 또는「수산업법」에 따른 정치망어업 면허증[관리선 사용지정(어선사용승인)증을 포함한다]·근해어업 허가증
	○ 「선원법」제2조제18호에 따른 해양항만관청의 고용추천서
	○ 국적국의 권한 있는 기관이 발급한 공적 문서로, 국적국 내에서의 범죄경력이 포함되어 있는 증명서
	○ 건강확인서(별지 제21호의3서식)
	○ 신원보증서
	○ 그 밖에 법무부장관이 필요하다고 인정하는 서류
방문동거 (F-1)	1. 국내에 거주하는 가족 또는 친족을 방문하는 경우 　　○ 가족 또는 친족 관계 입증서류(결혼증명서·가족관계기록사항에 관한 증명서 또는 출생증명서) 　　○ 신원보증서 　　※ 해외입양인의 경우 입양기관의 확인서 또는 양부모 진술서

2. 초·중·고등학교에 재학하는 학생의 경우

　　○ 가족 또는 친족 관계 입증서류(가족관계기록사항에 관한 증명서
　　　또는 출생증명서)

　　○ 입학허가서

　　○ 입학 또는 재학을 증명하는 서류

　　○ 재정입증 관련서류

3. 영 별표 1의2 중 1. 외교(A-1) 또는 2. 공무(A-2)자격을 가지고 있
는 사람의 가사보조인의 경우

　　○ 외국공관의 요청 공문

　　○ 고용계약서

　　○ 고용인의 신분증명서 사본

4. 미화 50만불 이상 투자한 사람의 가사보조인의 경우

　　○ 외국인투자신고서(법인등기사항전부증명서 또는 사업자등록증 사
　　　본) 또는 투자기업등록증 사본

　　○ 고용인의 재직증명서

　　○ 고용계약서

5. 영 별표 1의2. 중 10. 주재(D-7), 12. 무역경영(D-9) 및 14. 교수
(E-1)부터 20. 특정활동(E-7)까지의 체류자격에 해당하거나 같은 체
류자격에서 같은 표 중 24. 거주(F-2)란의 바목 또는 영 별표 1의3
영주(F-5)란의 제1호로 체류자격을 변경한 사람의 가사보조인인 경우

　　○ 고용계약서

　　○ 고용인의 신분증명서

　　○ 고용인의 재직증명서

　　○ 신원보증서

6. 그 밖의 경우

　　○ 영 제12조에 따른 방문동거 자격을 입증하는 서류

　　○ 신원보증서

거주 (F-2)	1. 영 별표 1의2 중 24. 거주(F-2)란의 가목에 해당하는 사람 ○ 결혼증명서 또는 가족관계기록에 관한 증명서 ○ 출생증명서(자녀초청인 경우에만 해당한다) ○ 소득금액증명 등 소득요건 입증서류 ○ 국내 배우자의 신원보증서[영 별표 1의3 영주(F-5) 체류자격 소지자의 배우자만 해당한다] ○ 외국인 배우자 초청장(해당자에 한함) ○ 초청인의 신용정보조회서[한국신용정보원(「신용정보의 이용 및 보호에 관한 법률」 제25조제2항제1호에 따른 종합신용정보집중기관으로 허가를 받은 기관을 말한다. 이하 같다)이 발행한 것을 말한다] ○ 국적국 또는 거주국의 관할 기관이 발급한 혼인 당사자의 범죄경력에 관한 증명서 ○ 혼인당사자의 건강진단서(「의료법」 제3조제2항제3호에 따른 병원급 의료기관이나 「지역보건법」 제10조에 따른 보건소가 발행한 것을 말한다. 다만, 외국인 배우자는 해당 국적국 또는 거주국에서 통용되는 유사한 입증자료로 갈음할 수 있다) ○ 외국인 배우자의 결혼배경 진술서 ○ 주거요건 입증서류 ○ 한국어 구사요건 관련 입증서류 2. 영 별표 1의2 중 24. 거주(F-2)란의 나목에 해당하는 사람 ○ 가족관계기록사항에 관한 증명서 ○ 출생증명서 ※ 국민과의 사실상의 혼인관계에서 출생한 자녀인 사실을 입증하는 서류 3. 영 별표 1의2 중 24. 거주(F-2)란의 라목·마목 또는 바목에 해당하는 사람 ○ 재정입증 관련 서류

	○ 신원보증서
	4. 삭제 〈2023. 12. 14.〉
동반 (F-3)	○ 가족관계 입증서류(결혼증명서·가족관계기록사항에 관한 증명서 또는 출생증명서)
	○ 초청자의 재직증명서 및 소득금액증명 등 가족부양능력 입증서류
재외동포 (F-4)	○ 출생에 따라 대한민국의 국적을 보유하였던 사람으로서 외국국적을 취득한 사람
	- 가족관계기록사항에 관한 증명서 또는 제적등본 그 밖에 본인이 대한민국의 국민이었던 사실을 증명하는 서류
	- 외국국적을 취득한 원인 및 그 연월일을 증명하는 서류
	- 납부내역증명서, 소득금액증명원 등 체류기간 중 단순노무행위 등 영 제23조제3항 각 호에서 규정한 취업활동에 종사하지 아니할 것임을 소명하는 서류(법무부장관이 고시하는 불법체류가 많이 발생하는 국가의 외국국적동포에 한정한다)
	- 그 밖에 법무부장관이 필요하다고 인정하는 서류
	○ 출생에 따라 대한민국의 국적을 보유하였던 사람의 직계비속으로서 외국국적을 취득한 사람
	- 직계존속이 대한민국의 국민이었던 사실을 증명하는 서류
	- 본인과 직계존속이 외국국적을 취득한 원인 및 그 연월일을 증명하는 서류
	- 직계존비속의 관계임을 증명하는 서류(출생증명서 등)
	- 납부내역증명, 소득금액증명 등 체류기간 중 단순노무행위 등 영 제23조제3항 각 호에서 규정한 취업활동에 종사하지 아니할 것임을 소명하는 서류(법무부장관이 고시하는 불법체류가 많이 발생하는 국가의 외국국적동포에 한함)
	- 그 밖에 법무부장관이 필요하다고 인정하는 서류
영주 (F-5)	1. 영 별표 1의3 영주자격(F-5)란의 제3호에 해당하는 사람
	○ 외국인투자기업 등록증명서

	○ 법인등기사항전부증명서 또는 사업자등록증
	○ 소득금액증명 등 소득입증서류
	2. 영 별표 1의3 영주자격(F-5)란의 제9호에 해당하는 사람
	○ 점수제 해당항목 입증서류
결혼이민 (F-6)	1. 영 별표 1의2의 27. 결혼이민(F-6)의 가목에 해당하는 사람 ○ 혼인성립을 증명하는 서류 ○ 한국인 배우자의 가족관계증명서 및 기본증명서 ○ 제9조의5제4호에 따른 소득 요건을 입증하는 서류 ○ 초청인의 신용정보조회서(한국신용정보원이 발행한 것을 말한다) ○ 한국인 배우자의 신원보증서(보증기간은 입국일부터 2년 이상이 어야 한다) ○ 외국인 배우자 초청장 ○ 외국인 배우자의 결혼배경 진술서 ○ 제9조의5제6호에 따른 한국어 구사요건 관련 입증서류 ○ 제9조의5제7호에 따른 주거 요건을 입증하는 서류 ○ 국적국 또는 거주국의 권한 있는 기관이 발급한 공적 문서로서 혼인당사자의 범죄경력에 관한 증명서 ○ 다음의 요건을 모두 충족하는 혼인당사자의 건강진단서 　- 후천성면역결핍증 및 성병감염, 결핵감염, 정상적인 결혼생활에 지 장을 초래할 수 있는 정신질환 여부 등에 관한 사항을 포함할 것 　- 병원급 의료기관,「공무원 채용 신체검사 규정」제3조에 따른 신 체검사 실시 검진기관 또는 「지역보건법」제10조에 따른 보건소가 발행한 건강진단서일 것. 이 경우 외국인 배우자는 해당 국적국 또는 거주국에서 통용되는 유사한 입증자료로 갈음할 수 있다. 2. 영 별표 1의2의 27. 결혼이민(F-6)의 나목에 해당하는 사람 ○ 가족관계기록사항에 관한 증명서(국민과 사실상 혼인관계임을 증 명하는 서류를 포함한다)

	○ 자녀 양육을 증명할 수 있는 서류
	○ 국적국 또는 거주국의 권한 있는 기관이 발급한 공적 문서로서 국적국 또는 거주국 내에서의 범죄경력이 포함되어 있는 증명서
	○ 재외공관 지정병원에서 발급한 건강진단서
기타 (G-1)	○ 입국목적을 소명하는 서류(법원 등의 출석요구서 또는 담당 의사의 소견서 등)
	○ 소송 또는 치료경비 등의 지급능력을 입증하는 서류
관광취업 (H-1)	○ 왕복항공권
	○ 일정기간 체류할 수 있는 경비소지 입증서류
	○ 여행일정 및 활동계획서
방문취업 (H-2)	○ 공통서류 - 국적국의 권한 있는 기관이 발급한 공적 문서로, 국적국 내에서의 범죄경력이 포함되어 있는 증명서. 다만, 영 별표 1의2 중 29. 방문취업(H-2)란의 가목3), 4)에 해당하는 사람과 만 60세 이상인 사람은 제외한다. - 건강확인서(별지 제21호의3서식 사용). 다만, 영 별표 1의2 중 29. 방문취업(H-2)란의 가목3), 4)에 해당하는 사람은 제외한다.
	○ 출생 당시에 대한민국 국민이었던 사람으로서 가족관계등록부·폐쇄등록부 또는 제적부에 등재되어 있는 사람 - 가족관계기록사항에 관한 증명서 또는 제적등본. 다만, 가족관계등록부·폐쇄등록부 또는 제적부가 없는 경우에는 이주일자 또는 국적국에서의 출생일자 및 동포임을 증명하는 국적국의 공적 서류 등 법무부장관이 인정하는 서류로 대체할 수 있다.
	○ 출생에 따라 대한민국의 국적을 보유하였던 사람의 직계비속 - 가족관계기록사항에 관한 증명서 또는 제적등본 등 직계존속이 대한민국 국민이었던 사실을 증명하는 서류 - 직계존비속 관계를 증명할 수 있는 서류(출생증명서 등)

○ 국내에 주소를 둔 대한민국 국민과 친족관계에 있는 사람 중 가족관계등록부·폐쇄등록부 또는 제적부에 등재되지 아니한 사람으로서 그 친족의 초청을 받은 사람

- 친족의 가족관계기록사항에 관한 증명서, 친족과의 관계를 증명하는 서류, 초청사유서, 초청자의 신원보증서

○ 국가(독립)유공자 및 유족 등

- 국가보훈등록증 등 국가(독립)유공자 또는 그 유족임을 증명하는 서류[국가보훈등록증이 없는 경우 국가(독립)유공자와의 유족 또는 가족관계를 증명할 수 있는 서류]
- 재외동포임을 증명하는 국적국의 공적 서류 등 법무부장관이 인정하는 서류

○ 대한민국에 특별한 공로가 있거나 대한민국의 국익증진에 기여한 사람

- 훈·포장 증서 또는 중앙행정기관의 장이 수여한 표창장
- 재외동포임을 증명하는 국적국의 공적 서류 등 법무부장관이 인정하는 서류

○ 영 별표 1의2 중 5. 유학(D-2) 체류자격으로 대한민국에 체류 중인 사람의 부·모 및 배우자

- 재학증명서
- 유학 중인 사람과의 관계를 증명할 수 있는 서류
- 동포임을 증명하는 국적국의 공적 서류 등 법무부장관이 인정하는 서류

○ 국내 외국인의 체류질서 유지를 위하여 법무부장관이 정하는 기준 및 절차에 따라 자진하여 출국한 사람

- 청장·사무소장 또는 출장소장이 발급한 출국확인서 등 사실관계 확인서류
- 동포임을 증명하는 국적국의 공적 서류 등 법무부장관이 인정하는 서류

○ 국내에 친족이 없고 가족관계등록부·폐쇄등록부 또는 제적부에 등재

되지 아니한 사람

- 동포임을 증명하는 국적국의 공적 서류 등 법무부장관이 인정하는 서류

- 그 밖에 법무부장관이 필요하다고 인정하는 서류

3. 체류자격 외 활동허가 신청 등 첨부서류

체류자격 외 활동허가 신청 등 첨부서류 (제76조제2항 관련)

《유의사항》

○ 각 체류자격별 "체류자격 외 활동허가"란은 대한민국에 체류하는 외국인이 그가 현재 가지고 있는 체류자격에 해당하는 활동과 병행하여 해당 체류자격 외 활동허가란에 있는 활동을 하려는 경우에 제출해야 하는 첨부서류를 정한 것이다.

○ 각 체류자격별 "근무처의 변경·추가 허가"란은 대한민국에 체류하는 외국인이 그가 현재 가지고 있는 체류자격의 활동범위에서 근무처를 변경하거나 추가하려는 경우에 제출해야 하는 첨부서류를 정한 것이다.

○ 각 체류자격별 "체류자격 변경허가"란은 대한민국에 체류하는 외국인이 그가 현재 가지고 있는 체류자격과는 다른 아래의 해당 체류자격 변경허가란에 있는 체류자격으로 변경하려는 경우에 제출해야 하는 첨부서류를 정한 것이다.

○ 각 체류자격별 "체류자격 부여"란은 대한민국 국적을 잃거나 대한민국에서 출생하였거나 그 밖의 사유로 법 제10조의 체류자격을 가지지 못하고 체류하게 되는 외국인이 아래의 해당 체류자격 부여란에 있는 체류자격을 받으려는 경우에 제출해야 하는 첨부서류를 정한 것이다.

○ 각 체류자격별 "체류기간 연장허가"란 및 "외국인등록"란은 대한민국에 체류하는 외국인이 그의 현재 체류자격을 유지하는 것을 전제로 제출해야 하는 첨부서류를 정한 것이다.

○ 제출서류 중 「전자정부법」 제36조제1항에 따른 행정정보의 공동이용을 통하여 담당 공무원이 정보의 내용을 확인할 수 있는 경우에는 제출하지 아니한다. 다만, 정보주체가 이에 동의하지 않을 때에는 해당 서류를 첨부해야 한다.

○ 제출서류 중 해외에서 발급된 서류는 자국 정부의 아포스티유(Apostille) 확인 또는 주재국 대한민국 공관의 영사확인을 받아 첨부해야 한다.

○ 청장·사무소장 또는 출장소장은 접수 및 심사과정에서 신분관계 확인 등을 위하여 특히 필요하다고 인정될 때에는 별표 5에 준하여 첨부서류를 더하거나 뺄 수 있다.

○ 첨부서류는 원본을 제출해야 하며, 부득이한 경우 심사관이 원본 확인 후 반환한다. 이 경우 필요하면 사본에 접수 담당자의 원본대조필 도장을 찍는다. 다만, 영 제94조 의3에 따른 전자민원창구를 통한 신청 시에는 본인의 원본대조 서명으로 대신한다.

체류자격 (기호)	신청구분	첨부서류
공통 사항	전체 공통사항	○ 여권, 외국인등록증, 재학 증명서 ※ 외국인등록증은 외국인등록을 한 경우에만 제출하고, 재학증명서는 「초·중등교육법」 제2조 각 호의 어느 하나에 해당하는 학교를 재학하고 있는 경우에만 제출한다.
	체류기간 연장허가	○ 체류지 입증서류
	체류자격 변경허가	○ 보건소 등이 발급한 결핵확인서(법 제10조의2제1항제1호에 따른 단기체류자격으로 입국한 결핵 고위험 국가의 국민이 90일을 초과하여 체류하기 위해 체류자격 변경허가를 신청하는 등 법무부장관이 정하는 요건에 해당하는 경우에 해당한다)
	출국을 위한 체류기간 연장허가	○ 출국예약 항공권 사본

	외국인 등록	○ 여권용 사진(3.5cm×4.5cm) 1장 [외국인등록용 표준사진규격] - 여권용 사진(3.5cm×4.5cm)으로 얼굴 길이가 2.5cm ~ 3.5cm 사이일 것 - 무배경 또는 흰색배경에 테두리가 없을 것 - 외국인등록증 신청일 전 6개월 이내에 촬영되고 정면을 응시하고 있을 것 - 색안경, 모자 등 얼굴 일부가 가려지는 장식용 물품을 착용하지 아니할 것. 다만, 시각장애인 등이 의료 목적으로 착용하는 경우는 제외한다. ○ 체류지 입증서류
외교 (A-1)	체류자격 부여	○ 본인인 경우 - 자국 대사관의 협조공문 ○ 피부양가족인 경우 - 출생증명서 등 신분관계 증명서류 - 부양자의 외교관신분증
	체류자격 변경허가	○ 본인인 경우 - 자국 대사관의 협소공문 ○ 피부양가족인 경우 - 출생증명서 등 신분관계 증명서류 - 부양자의 외교관신분증
공무 (A-2)	체류자격 부여	○ 본인인 경우 - 파견·재직을 증명하는 서류 또는 자국 소속부처의 장의 협조공문 ○ 피부양가족인 경우 - 출생증명서 등 신분관계 증명서류 - 부양자의 공무수행을 증명하는 신분증

	체류자격
	변경허가
		○ 본인의 경우
		  - 파견·재직을 입증하는 서류 또는 자국 소속 부처의
		    장의 협조공문
		○ 피부양가족의 경우
		  - 출생증명서 등 신분관계 증명서류
		  - 부양자의 공무수행을 증명하는 신분증

협정
(A-3)
	체류자격
	부여
		○ 본인인 경우
		  - 신분증명서
		  - 초청계약자 등이 발급한 복무확인서, 재직증명서 또는
		    초청계약서
		○ 피부양가족인 경우
		  - 출생증명서 등 가족관계 증명서류
		  - 부양자의 신분증명서
		  - 초청계약자 등이 발급한 복무확인서, 재직증명서 또는
		    초청계약서

	체류자격
	변경허가
		○ 본인인 경우
		  - 신분증명서
		  - 초청계약자 등이 발급한 복무확인서, 재직증명서 또는
		    초청계약서
		○ 피부양가족인 경우
		  - 출생증명서 등 가족관계 증명서류
		  - 부양자의 신분증명서
		  - 초청계약자 등이 발급한 복무확인서, 재직증명서 또는
		    초청계약서

사증 면제 (B-1) 관광·통과 (B-2) 일시 취재 (C-1) 단기 방문 (C-3)	체류기간 연장허가	○ 체류기간 연장의 필요성을 소명하는 서류
단기 취업 (C-4)	근무처의 변경·추가 허가	○ 첨단기술 분야에 종사하는 경우 　- 고용계약서 　- 회사 설립 관련 서류 　- 첨단기술 분야 증명서류
	체류자격 변경허가	○ 노벨상 수상자 등 저명인사가 강연 등의 활동을 하려는 경우 　- 소명자료 　- 활동계획서
	체류기간 연장허가	○ 체류기간 연장의 필요성을 소명하는 서류
문화 예술 (D-1)	체류자격 변경허가	○ 연수기관이 작성한 연수일정표 ○ 사업자등록증(법인인 경우에는 법인등기사항전부증명서) 등 문화예술단체 증명서류
	체류기간 연장허가	○ 연수기관이 작성한 연수일정표 ○ 사업자등록증(법인인 경우에는 법인등기사항전부증명서) 등 문화예술단체 증명서류
	외국인 등록	○ 사업자등록증(법인인 경우에는 법인등기사항전부증명서) 등 문화예술단체 증명서류
유학 (D-2)	체류자격 변경허가	○ 수학능력 및 재정능력 심사결정 내용이 포함된 표준입학 허가서(총장·학장 발행)

		○ 등록금 납입 증명서 또는 장학금 수혜 증명서

	체류기간 연장허가	○ 전문대학 이상의 정규과정 교육을 받는 경우
		  - 재학증명서(석사·박사 논문을 준비하고 있는 경우에는 지도교수의 추천서 또는 정부초청 장학생 확인서로 갈음할 수 있다)
		  - 재정(학비, 체재비) 입증 관련서류
		○ 특정 연구를 하고 있는 경우
		  - 연구 활동을 증명하는 서류

	외국인 등록	○ 재학증명서 ○ 건강진단서
기술 연수 (D-3)	체류기간 연장허가	○ 해당 산업체가 발급한 연수기간 연장신청 사유서 및 연수실적 평가서 ○ 국내 산업체의 사업자등록증(법인인 경우에는 법인등기사항전부증명서) 및 「산업집적활성화 및 공장설립에 관한 법률」에 따른 공장등록증(또는 공장등록증명서) ○ 국내 산업체의 납부내역증명서 ○ 해외 현지법인의 납세사실 관련 증명서류 ○ 연수생에 대한 연수수당 등 지급 확인서류 ○ 산업재해보상보험, 국민건강보험 가입증명서류 및 연수수당 등 체불에 대비한 보증보험 가입 증명서류 ○ 신원보증서
	외국인 등록	○ 사업자등록증(법인인 경우에는 법인등기사항전부증명서) ○ 채용신체검사서 ○ 산업재해보상보험 또는 보증보험 가입 증명서류
	체류자격 변경허가	○ 대학 부설 어학원에서 어학 연수를 받거나 초·중·고등학교에 재학하려는 경우

일반 연수 (D-4)		- 재학증명서 - 국내체재경비 입증서류 또는 신원보증서(학비 등 체류 중에 필요한 경비 지급능력을 증명하지 못하거나 법무부장관이 특히 필요하다고 인정하는 경우에만 해당한다) ○ 그 밖에 일반연수를 받는 경우 - 연수기관 설립 관련 서류 - 연수기관장의 추천서 - 연수기관 작성 연수계획서 - 국내체재경비 입증서류 또는 신원보증서(연수비용 등 체류 중에 필요한 경비 지급능력을 증명하지 못하거나 법무부장관이 특히 필요하다고 인정하는 경우에만 해당한다)
	체류기간 연장허가	○ 대학 부설 어학원에서 어학 연수를 받는 경우 또는 초·중·고등학교에 재학하는 학생의 경우 - 재학증명서 ○ 그 밖의 연수를 받는 경우 - 연수증명(계획)서 또는 재학증명서
	외국인 등록	○ 대학 부설 어학원에서 어학 연수를 받는 경우 또는 초·중·고등학교에 재학하는 학생인 경우 - 재학증명서 - 건강진단서 ○ 그 밖에 일반연수를 받는 경우 - 연수기관 설립 관련 서류
취재 (D-5)	체류자격 변경허가	○ 파견명령서 ○ 지국·지사의 설치허가증 또는 사업자등록증(법인인 경우에는 법인등기사항전부증명서)

	체류기간 연장허가	○ 재직증명서 또는 파견명령
	외국인 등록	○ 지국·지사의 설치허가증 또는 사업자등록증(법인인 경우에는 법인등기사항전부증명서). 다만, 국내에 지국이나 지사가 없는 경우에는 본사의 파견명령서 및 해외홍보원 등 관련 기관 추천서로 갈음할 수 있다.
종교 (D-6)	체류자격 외 활동 허가	○ 파견명령서 ○ 원 근무처 장의 동의서(원 근무처가 있는 경우에만 제출한다) ○ 원 근무처와 같은 재단임을 증명하는 서류 ○ 단체설립허가(인가) 관련 서류
	체류기간 연장허가	○ 재직증명서 또는 파견명령서
	외국인 등록	○ 종교단체 또는 사회복지단체 설립 관련 서류
주재 (D-7)	체류자격 외 활동 허가	○ 영 별표 1의2 중 10. 주재(D-7)란의 가목에 해당하는 사람 　- 인사명령서(파견명령서) 　- 원 근무처와 같은 계열사임을 증명하는 서류(법인등기사항전부증명서 등) 　- 외국기업의 국내지사 설치신고(허가) 관련 서류 　- 원 근무처 장의 추천서 　- 영업 정상운영 입증서류
	체류자격 변경허가	○ 영 별표 1의2 중 10. 주재(D-7)란의 가목에 해당하는 사람[영 별표 1의2 중 11. 기업투자(D-8) 체류자격 소지자가 같은 계열 외국기업 국내지사에 근무하려는 경우에만 해당한다]

		- 인사명령서(파견명령서) - 외국기업의 국내지사 설치신고(허가) 관련 서류 - 같은 계열 외국기업임을 증명하는 서류 - 납세증명서 또는 외국환 매입증명서 등 영업자금 도입실적 증명서류 - 사무실 임대차계약서

	체류기간
	연장허가
		○ 영 별표 1의2 중 10. 주재(D-7)란의 가목에 해당하는 사람
		  - 인사명령서(파견명령서)
		  - 외국기업의 국내지사 설치신고(허가) 관련 서류
		  - 외국환매입증명서 등 영업자금 도입실적 증명서류
		  - 납세증명서
		○ 영 별표 1의2 중 10. 주재(D-7)란의 나목에 해당하는 사람
		  - 재직증명서
		  - 납세증명서

	외국인 등록	○ 사업자등록증(법인인 경우에는 법인등기사항전부증명서)

기업
투자
(D-8)
	체류자격
	외
	활동 허가
		○ 영 별표 1의2 중 11. 기업투자(D-8)란의 가목에 해당하는 사람
		  - 「외국인투자 촉진법」에 따른 외국인투자기업 등록증명서
		  - 사업자등록증(법인인 경우에는 법인등기사항전부증명서)
		  - 파견명령서(투자자를 제외한 임직원만 해당한다)
		  - 영업실적(수출입실적)증명서
		○ 영 별표 1의2 중 11. 기업투자(D-8)란의 나목에 해당하는 사람
		  - 벤처기업 확인서 또는 이에 준하는 서류

		- 지식재산권, 그 밖에 이에 준하는 기술과 그 사용에 관한 권리 등을 보유하고 있음을 증명하는 서류
		
		○ 영 별표 1의2 중 11. 기업투자(D-8)란의 다목에 해당하는 사람
		  - 학력증명서
		  - 지식재산권 보유 또는 이에 준하는 기술력 등 입증서류
		  - 법인등기사항전부증명서

	체류자격
	변경허가
		○ 영 별표 1의2 중 11. 기업투자(D-8)란의 가목에 해당하는 사람
		  - 「외국인투자 촉진법」에 따른 외국인투자기업 등록증명서
		  - 사업자등록증(법인인 경우에는 법인등기사항전부증명서)
		  - 사무실 임대차계약서
		  - 영업실적(수출입실적) 증명서
		
		○ 영 별표 1의2 중 11. 기업투자(D-8)란의 나목에 해당하는 사람
		  - 벤처기업 확인서 또는 이에 준하는 서류
		  - 지식재산권, 그 밖에 이에 준하는 기술과 그 사용에 관한 권리 등을 보유하고 있음을 증명하는 서류
		
		○ 영 별표 1의2 중 11. 기업투자(D-8)란의 다목에 해당하는 사람
		  - 학력증명서
		  - 지식재산권 보유 또는 이에 준하는 기술력 등 입증서류
		  - 법인등기사항전부증명서

	체류기간 연장허가	○ 영 별표 1의2 중 11. 기업투자(D-8)란의 가목에 해당하는 사람 - 파견명령서 또는 재직증명서(투자자를 제외한 임직원만 제출한다)

		- 사업자등록증(법인인 경우에는 법인등기사항전부증명서) - 개인 납세사실 증명서류 또는 부가가치세 과세표준 확인증명 관련 서류 - 영업실적(수출입실적) 증명서 ○ 영 별표 1의2 중 11. 기업투자(D-8)란의 나목 또는 다목에 해당하는 사람 - 사업실적관련 입증서류 - 납세증명서
	외국인 등록	○ 사업자등록증(법인인 경우에는 법인등기사항전부증명서)
무역 경영 (D-9)	체류자격 변경허가	○ 선박건조·설비제작 감독 또는 수출설비(기계)의 설치·운영·보수 업무를 하려는 경우 - 파견명령서 또는 본사 발급 재직증명서 - 선박수주 계약서 또는 설비도입 계약서 - 사업자등록증(법인인 경우에는 법인등기사항전부증명서) - 납세사실 증명서류 ○ 회사경영, 영리사업을 하는 경우 - 사업자등록증 사본 - 사업자금 도입관련 입증서류 - 사업장 존재 입증서류 ○ 한국무역협회장으로부터 무역업 고유번호를 부여받고 무역업을 하는 경우 - 사업자등록증 사본 - 무역업 고유번호부여증(한국무역협회 발행) - 사업장 존재 입증서류 - 무역업 점수제 해당 점수 입증서류
	체류기간	○ 선박건조·설비제작 감독 또는 수출설비(기계)의 설치·

	연장허가	운영·보수 업무를 하는 경우 - 재직증명서 또는 본사 발급 파견명령서 - 선박수주 계약서 또는 설비도입 계약서 - 사업자등록증(법인인 경우에는 법인등기사항전부증명서) - 개인 납세사실 증명서류 ○ 회사경영, 무역, 영리사업을 하는 경우 - 재직증명서 - 사업자등록증(법인인 경우에는 법인등기사항전부증명서) - 개인 납세사실 증명서류 - 사업장 존재 입증서류 ○ 한국무역협회장으로부터 무역업 고유번호를 부여받고 무역업을 하는 경우 - 사업자등록증 사본 - 무역업 고유번호부여증(한국무역협회 발행) - 사업장 존재 입증서류 - 무역업 점수제 해당 점수 입증서류
	외국인 등록	○ 사업자등록증(법인인 경우에는 법인등기사항전부증명서)
구직 (D-10)	체류자격 변경허가	○ 영 별표 1의2 중 13. 구직(D-10)란의 가목에 해당하는 사람 - 학력증명서 또는 경력증명서 ○ 영 별표 1의2 중 13. 구직(D-10)란의 나목에 해당하는 사람 - 학력증명서 - 창업준비 계획서
		○ 고용계약서 ○ 원 근무처의 장의 동의서

	체류자격 외 활동 허가	○ 대학 또는 단체설립 관련 서류(사업자등록증, 연구기관 증명서류 등) ○ 원 근무처와 동일재단 증명서류
	근무처의 변경·추가 허가 또는 신고	○ 원 근무처의 장의 동의서(원근무처의 휴·폐교 및 계약 기간 만료일 또는 쌍방이 근무하기로 합의한 날짜까지 근무한 경우에는 제외한다) ○ 고용계약서 ○ 사업자등록증(법인인 경우에는 법인등기사항전부증명서)
교수 (E-1)	체류자격 변경허가	○ 회사 설립 관련 서류[사업자등록증(법인인 경우에는 법 인등기사항전부증명서), 연구기관 증명서류] ○ 고용계약서 ○ 학위증 또는 경력증명서 ○ 원 근무처 장의 동의서(원 근무처가 있는 경우에만 제출 한다) 　※ 이공계대학 졸업 유학생 중 교육·과학기술 분야의 　　연구·지도 활동에 종사하려는 경우(석사 이상의 학 　　위 취득자만 해당한다) 　- 졸업증명서 　- 고용계약서 　- 총장·학장의 고용추천서 　- 사업자등록증(법인인 경우에는 법인등기사항전부증명서)
	체류기간 연장허가	○ 고용계약서
	외국인 등록	○ 사업자등록증(법인인 경우에는 법인등기사항전부증명서)
		○ 교육부 또는 시·도 교육청 주관으로 모집·선발되어 초 ·중등학교에서 외국어 회화지도에 종사하려는 사람

회화 지도 (E-2)	체류자격 외 활동 허가	- 학위증(졸업증명서) 또는 재학증명서 - 고용계약서 - 시 · 도 교육감이나 국립국제교육원장이 발급한 합격 통지서 또는 초청장 - 사업자등록증 ○ 그 밖의 기관 · 단체에서 외국어 회화지도에 종사하려는 사람 - 학위증 - 고용계약서 - 국적국의 관할 기관이 발급한 범죄경력에 관한 증명서(국적국 정부, 국적국 주재 대한민국 공관 또는 국내 국적국 공관이 확인한 것을 말한다). - 법무부장관이 지정하는 의료기관이 발행한 마약류검사 결과가 포함된 채용신체검사서 - 학원 및 단체 설립 관련 서류
	근무처의 변경 · 추가 허가 또는 신고	○ 고용계약서 ○ 사업자등록증 및 「학원의 설립 · 운영 및 과외교습에 관한 법률」에 따른 학원설립 · 운영등록증, 「평생교육법」에 따른 평생교육시설 등록(신고)증 등 단체 설립 관련 서류 ○ 원 근무처 장의 동의서(원 근무처가 휴 · 폐업한 경우 및 계약기간 만료일 또는 쌍방이 근무하기로 합의한 날짜까지 근무한 경우는 제외한다)
	체류자격 변경허가	○ 교육부 또는 시 · 도 교육청 주관으로 모집 · 선발되어 초 · 중등학교에서 외국어 회화지도에 종사하려는 사람 - 고용계약서 - 시 · 도 교육감이나 국립국제교육원장이 발급한 합격 통지서 또는 초청장

		- 사업자등록증(법인인 경우에는 법인등기사항전부증명서) ○ 그 밖의 기관·단체에서 외국어 회화지도에 종사하려는 사람 - 고용계약서 - 국적국 정부 또는 국적국 주재 대한민국 공관 등의 확인을 받은 학력입증서류(학위증 사본, 학위취득증명서 또는 학위취득사실이 기재된 졸업증명서) - 국적국의 관할 기관이 발급한 범죄경력에 관한 증명서(국적국 정부, 국적국 주재 대한민국 공관 또는 국내 국적국 공관이 확인한 것을 말한다) - 법무부장관이 지정하는 의료기관이 발행한 마약류검사 결과가 포함된 채용신체검사서 - 학원 및 단체 설립 관련 서류
	체류기간 연장허가	○ 고용계약서 ○ 사업자등록증(법인인 경우에는 법인등기사항전부증명서)
	외국인 등록	○ 사업자등록증(법인인 경우에는 법인등기사항전부증명서) ○ 법무부장관이 지정하는 의료기관이 발행한 마약류검사 결과가 포함된 채용신체검사서(교육부 또는 시·도 교육청 주관으로 모집·선발되어 초·중등학교에서 외국어 회화지도에 종사하려는 사람은 제외한다)
연구 (E-3)	체류자격 외 활동 허가	○ 고용계약서 ○ 원 근무처 장의 동의서(원 근무처가 있는 경우에만 제출한다) ○ 회사설립 관련 서류(사업자등록증 및 연구기관 증명서류)
	근무처의 변경·추가 허가 또는 신고	○ 원 근무처 장의 동의서(원 근무처가 휴·폐업한 경우 및 계약기간 만료일 또는 쌍방이 근무하기로 합의한 날짜까지 근무한 경우에는 제외한다)

		○ 고용계약서
		○ 사업자등록증(법인인 경우에는 법인등기사항전부증명서)
	체류자격 변경허가	○ 회사설립 관련 서류[사업자등록증(법인인 경우에는 법인 등기사항전부증명서) 및 연구기관 증명서류] ○ 고용계약서 ○ 학위증 또는 경력증명서 ○ 원 근무처 장의 동의서(원 근무처가 있는 경우에만 제출 한다)
	체류기간 연장허가	○ 고용계약서 ○ 사업자등록증(법인인 경우에는 법인등기사항전부증명서)
	외국인 등록	○ 사업자등록증(법인인 경우에는 법인등기사항전부증명서)
기술 지도 (E-4)	체류자격 외 활동 허가	○ 원 근무처 장의 동의서(원 근무처가 있는 경우에만 제출 한다) ○ 기술도입계약서, 기술도입계약 신고를 증명하는 서류, 용역 수출입 관련 확인 서류 또는 「방위사업법」에 따른 방위산업체 지정서 ○ 공공기관·민간단체 설립 관련 서류
	근무처의 변경·추가 허가 또는 신고	○ 기술도입계약서, 기술도입계약 신고를 증명하는 서류, 용역 수출입 관련 확인 서류 또는 「방위사업법」에 따른 방위산업체 지정서 ○ 사업자등록증(법인인 경우에는 법인등기사항전부증명서) ○ 원 근무처 장의 동의서(원 근무처가 휴·폐업한 경우 및 계약기간 만료일 또는 쌍방이 근무하기로 합의한 날짜 까지 근무한 경우에는 제외한다)
	체류자격 변경허가	○ 파견명령서

		○ 기술도입계약서, 기술도입계약 신고를 증명하는 서류, 용역 수출입 관련 확인 서류 또는「방위사업법」에 따른 방위산업체 지정서 ○ 사업자등록증(법인인 경우에는 법인등기사항전부증명서)
	체류기간 연장허가	○ 파견명령서 또는 재직증명서 ○ 기술도입계약서, 기술도입계약 신고를 증명하는 서류, 용역 수출입 관련 확인 서류 또는「방위사업법」에 따른 방위산업체 지정서 ○ 사업자등록증(법인인 경우에는 법인등기사항전부증명서)
	외국인 등록	○ 사업자등록증(법인인 경우에는 법인등기사항전부증명서)
전문 직업 (E-5)	체류자격 외 활동 허가	○ 고용계약서 ○ 학위증 또는 자격증 ○ 사업자등록증(법인인 경우에는 법인등기사항전부증명서)
	근무처의 변경·추가 허가 또는 신고	○ 소관 중앙행정기관의 장의 고용추천서(경제자유구역에서 취업활동을 하려는 사람은 관할 특별시장·광역시장·도지사의 고용추천서) 또는 고용의 필요성을 증명하는 서류 ○ 고용계약서 ○ 원 근무처 장의 동의서(계약기간 만료일 또는 쌍방이 근무하기로 합의한 날짜까지 근무한 경우는 제외한다)
	체류기간 연장허가	○ 고용계약서 ○ 사업자등록증(법인인 경우에는 법인등기사항전부증명서)
	외국인 등록	○ 사업자등록증(법인인 경우에는 법인등기사항전부증명서)
예술 흥행	체류자격 외	○ 고용·공연 추천서[문화체육관광부·영상물등급위원회·

	활동 허가	방송통신위원회 또는 관련협회(연맹)에서 발급한 것을 말한다] ○ 공연 및 고용계약서 ○ 원 근무처 장의 동의서(원 근무처가 있는 경우에만 제출한다) ○ 사업자등록증(법인인 경우에는 법인등기사항전부증명서)
(E-6)	근무처의 변경·추가 허가 또는 신고	1. 「공연법」에 따라 공연을 하려는 경우 　- 공연 및 고용계약서 　- 영상물등급위원회의 공연추천서(원 근무처와 같은 조건의 근무처 추가 허가를 신청하는 경우는 제외한다) 　- 원 근무처 장의 동의서(원 근무처가 휴·폐업한 경우 및 계약기간 만료일 또는 쌍방이 근무하기로 합의한 날짜까지 근무한 경우는 제외한다) 　- 사업자등록증(법인인 경우에는 법인등기사항전부증명서) 2. 「관광진흥법」에 따른 호텔업시설, 유흥업소 등에서 제1호를 제외한 공연 또는 연예활동에 종사하려는 경우 　- 공연 및 고용계약서 　- 영상물등급위원회의 공연추천서 　- 연예활동계획서 　- 원 근무처 장의 동의서(원 근무처가 휴·폐업한 경우 및 계약기간 만료일 또는 쌍방이 근무하기로 합의한 날짜까지 근무한 경우는 제외한다) 　- 신원보증서 　- 사업자등록증(법인인 경우에는 법인등기사항전부증명서) 3. 그 밖의 경우 　- 공연 및 고용계약서 　- 소관 중앙행정기관의 장의 고용추천서 또는 고용의 필요성을 입증할 수 있는 서류

		- 원 근무처 장의 동의서(원 근무처가 휴·폐업한 경우 및 계약기간 만료일 또는 쌍방이 근무하기로 합의한 날짜까지 근무한 경우는 제외한다) - 사업자등록증(법인인 경우에는 법인등기사항전부증명서)
	체류기간 연장허가	○ 고용·공연추천서[문화체육관광부·영상물등급위원회·방송통신위원회 또는 관련 협회(연맹)에서 발급한 것을 말한다] 또는 고용의 필요성을 입증할 수 있는 서류 ○ 공연 및 고용계약서 ○ 신원보증서(「관광진흥법」에 따른 호텔업시설, 유흥업소 등에서의 공연 또는 연예활동 종사자만 제출한다) ○ 사업자등록증(법인인 경우에는 법인등기사항전부증명서)
	외국인 등록	○ 사업자등록증 ○ 채용신체검사서(「관광진흥법」에 따른 호텔업시설, 유흥업소 등에서의 공연 또는 연예활동 종사자만 제출한다)
특정 활동 (E-7)	체류자격 외 활동 허가	○ 소관 중앙행정기관의 장의 고용추천서(경제자유구역에서 취업활동을 하려는 사람은 관할 특별시장·광역시장·도지사의 고용추천서) 또는 고용의 필요성을 증명하는 서류 ○ 고용계약서 ○ 원 근무처 장의 동의서(원 근무처가 있는 경우에만 제출한다) ○ 사업자등록증(법인인 경우에는 법인등기사항전부증명서)
	근무처의 변경·추가 허가 또는 신고	○ 소관 중앙행정기관의 장의 고용추천서(경제자유구역에서 취업활동을 하려는 사람은 관할 특별시장·광역시장·도지사의 고용추천서) 또는 고용의 필요성을 증명하는 서류 ○ 고용계약서

		○ 원 근무처 장의 동의서(원 근무처가 휴·폐업한 경우 및 계약기간 만료일 또는 쌍방이 근무하기로 합의한 날짜까지 근무한 경우는 제외한다)
		○ 사업자등록증(법인인 경우에는 법인등기사항전부증명서)
		○ 신원보증서(신고가 제한되는 직종의 종사자만 제출한다)
	체류자격 변경허가	○ 소관 중앙행정기관의 장의 고용추천서(경제자유구역에서 취업활동을 하려는 사람은 관할 특별시장·광역시장·도지사의 고용추천서) 또는 고용의 필요성을 증명하는 서류
		○ 고용계약서
		○ 학력 및 경력입증서류
		○ 졸업증명서, 총장·학장 추천서(이공계대학 졸업 유학생 중 첨단기술 분야 또는 자연과학 분야에 종사하려는 경우에만 제출한다)
		○ 원 근무처 장의 동의서(원 근무처가 휴·폐업한 경우 및 계약기간 만료일 또는 쌍방이 근무하기로 합의한 날짜까지 근무한 경우는 제외한다)
		○ 사업자등록증(법인인 경우에는 법인등기사항전부증명서)
		○ 신원보증서(신고가 제한되는 직종의 종사자만 제출한다)
	체류기간 연장허가	○ 고용계약서
		○ 신원보증서(신고가 제한되는 직종의 종사자만 제출한다)
		○ 납부내역증명서
		○ 사업자등록증(법인인 경우에는 법인등기사항전부증명서)
	외국인 등록	○사업자등록증
계절근로 (E-8)	체류자격 외 활동허가	○ 지방자치단체의 장이 발급한 계절근로자 입증 서류

	외국인 등록	○ 지방자치단체의 장이 발급한 계절근로자 입증 서류 ○ 법무부장관이 지정한 병원에서 발급한 마약검사확인서 ○ 산업재해보상보험 또는 상해보험 가입증명원
	근무처의 변경·추가 허가 또는 신고	○ 원 근무처 고용주의 동의서(원 근무처가 휴·폐업한 경우 및 계약기간 만료일 또는 쌍방이 근무하기로 합의한 날짜까지 근무한 경우는 제외한다) ○ 고용계약서 ○ 지방자치단체의 장이 발급한 근무처 변경·추가 관련 입증 서류
	체류기간 연장허가	○ 고용계약서 ○ 지방자치단체의 장이 발급한 계절근로자 체류기간 연장 추천서
비전문 취업 (E-9)	근무처의 변경허가	○ 고용허가서 ○ 근로계약서 ○ 사업자등록증(법인인 경우에는 법인등기사항전부증명서) 또는 고용주의 주민등록표 등본 ○ 신원보증서
	체류기간 연장허가	○ 고용허가서 ○ 근로계약서 ○ 취업기간 만료자 취업활동 기간 연장 확인서 ○ 신원보증서
	외국인 등록	○ 사업자등록증(법인인 경우에는 법인등기사항전부증명서) ○ 법무부장관이 지정한 병원에서 발급한 마약검사확인서
선원 취업 (E-10)	근무처의 변경허가	○ 선원근로계약서 ○ 「선원법」 제2조제18호에 따른 해양항만관청의 고용추천서

		○ 사업자등록증(법인인 경우에는 법인등기사항전부증명서) 및 선박검사증서 ○ 신원보증서
	체류기간 연장허가	○ 선원근로계약서 ○ 신원보증서
	외국인 등록	○ 내항여객운송사업 면허증 또는 내항화물운송사업 등록증 ○ 산업재해보상보험 또는 상해보험 가입증명원 ○ 법무부장관이 지정한 병원에서 발급한 건강진단서 ○ 법무부장관이 지정한 병원에서 발급한 마약검사확인서
방문 동거 (F-1)	체류자격 부여	○ 출생증명서(한국에서 출생한 경우에만 제출한다) ○ 가족관계기록사항에 관한 증명서 등 친인척관계 입증서류 ○ 친인척 등의 주민등록표 등본
	체류자격 변경허가	○ 친인척 방문 목적으로 입국한 사람인 경우 - 친인척 관계 증명서류(친인척의 가족관계기록사항에 관한 증명서 또는 주민등록표 등본 등) - 신원보증서(성년인 사람만 제출한다) ○ 귀화허가 또는 국적회복허가 신청자 - 신원보증서 ○ 미화 50만달러 이상 투자자(그 투자기업 임직원을 포함한다) 또는 전문인력의 가사보조인인 경우 - 가사보조인을 고용한 사람의 외국인투자기업 등록증 또는 재직증명서 - 고용계약서 - 신원보증서 ○ 주한외국공관원의 동반가족 또는 가사보조인인 경우 - 공관원 신분증 및 주한대사관의 협조공문

		- 가족 또는 친족 관계 입증서류
		- 고용계약서(가사보조인인 경우만 제출한다)

	체류기간
	연장허가
		○ 국내 친인척 방문 목적으로 입국한 사람인 경우
		  - 국내 친인척의 주민등록표 등본
		  - 신원보증서(성년인 사람만 제출한다)
		
		○ 미화 50만달러 이상 투자자(그 투자기업 임직원을 포함
		  한다) 또는 전문인력의 가사보조인인 경우
		  - 고용계약서
		  - 신원보증서
		
		○ 주한외국공관원의 동반가족 또는 가사보조인인 경우
		  - 공관원 신분증 및 주한대사관 협조공문
		  - 고용계약서(가사보조인인 경우만 제출한다)

거주
(F-2)
	체류자격
	변경허가
		○ 영 별표 1의2 중 24. 거주(F-2)란의 가목에 해당하는
		  사람
		  - 결혼증명서, 가족관계기록에 관한 증명서
		  - 출생증명서(자녀초청인 경우에만 해당한다)
		  - 소득요건 입증서류
		  - 국내 배우자의 신원보증서[영 별표 1의3 영수(F-5)
		    체류자격 소지자의 배우자만 해당한다]
		  - 국내 배우자의 신용정보조회서(한국신용정보원이 발행
		    한 것을 말한다)
		  - 국적국 또는 거주국의 관할 기관이 발급한 혼인 당사
		    자의 범죄경력에 관한 증명서
		  - 혼인당사자의 건강진단서(「의료법」제3조제2항제3호에
		    따른 병원급 의료기관이나 「지역보건법」제10조에 따
		    른 보건소가 발행한 것을 말한다. 다만, 외국인 배우
		    자의 경우에는 해당 국적국 또는 거주국에서 통용되
		    는 유사한 입증자료로 갈음할 수 있다)

- 외국인 배우자 초청장

- 외국인 배우자의 결혼배경 진술서

- 주거요건 입증서류

- 한국어 구사요건 관련 입증서류

○ 영 별표 1의2 중 24. 거주(F-2)란의 나목에 해당하는 사람

- 가족관계기록사항에 관한 증명서, 출생증명서

  ※ 국민과 사실상의 혼인관계에서 출생한 자녀인 사실을 입증하는 서류

- 재정입증 관련 서류

○ 영 별표 1의2 중 24. 거주(F-2)란의 라목·마목 또는 바목에 해당하는 사람

- 재정입증 관련 서류

- 신원보증서

○ 영 별표 1의2 중 24. 거주(F-2)란의 아목에 해당하는 사람

- 공무원증 또는 공무원 임용예정 확인서

- 신원보증서

○ 영 별표 1의2 중 24. 거주(F-2)란의 자목에 해당하는 사람

- 학위증

- 한국어능력 입증 서류

- 소득 관련 입증 서류

- 경력증명서

- 연령·학력·소득 등 법무부장관이 고시하는 기준의 해당 여부에 대한 판단에 필요한 증빙자료

- 그 밖에 고용계약서 등 대한민국에서 거주할 필요가 있음을 입증하는 서류

		○ 영 별표 1의2 중 24. 거주(F-2)란의 차목에 해당하는 사람 　- 투자사실 입증 서류 ○ 영 별표 1의2 중 24. 거주(F-2)란의 카목에 해당하는 사람 　- 결혼증명서, 가족관계기록에 관한 증명서, 출생증명서 (자녀초청인 경우에만 해당한다)
	체류기간 연장허가	○ 영 별표 1의2 중 24. 거주(F-2)란의 가목 또는 나목에 해당하는 사람 　- 가족 또는 친족 관계 증명 서류 　- 배우자의 신원보증서[영 별표 1의3 영주(F-5) 체류자격 소지자의 배우자만 해당한다] ○ 영 별표 1의2 중 24. 거주(F-2)란의 차목에 해당하는 사람 　- 투자사실 입증서류 ○ 그 밖의 경우 　- 영 별표 1의2 중 24. 거주(F-2) 체류자격을 계속 유지하여야 할 필요가 있음을 입증하는 서류
동반 (F-3)	체류자격 부여	○ 출생증명서
	체류자격 변경허가 또는 체류자격 연장허가	○ 가족관계 입증서류(결혼 또는 출생증명서 등)
재외동포 (F-4)	체류자격 변경허가	○ 가족관계기록에 관한 증명서 또는 제적등본 ○ 외국국적 취득을 증명하는 서류(시민권증서 사본 등) 　※ 2018년 5월 1일 이후 최초로 대한민국 국적을 이탈

		하거나 상실한 남성인 경우 병적증명서 또는 병역사항이 포함된 주민등록초본
		○ 그 밖에 법무부장관이 필요하다고 인정하는 서류
	체류기간 연장허가	○ 국적을 이탈하거나 상실한 사실이 적힌 가족관계기록에 관한 증명서 또는 제적등본(최초로 체류기간 연장허가를 신청하는 사람만 해당한다)
		○ 2005년 12월 29일 이후 최초로 체류기간 연장허가를 신청하는 사람으로서 만 18세 ~ 38세 남성인 경우에는 병역 기피 목적으로 대한민국 국적을 이탈하거나 상실한 것이 아니라는 사실을 증명하는 서류를 추가로 제출하여야 한다. 다만, 병역을 마쳤거나 면제처분을 받은 사람 및 제2국민역에 편입된 사람은 제외한다.
영주 (F-5)	체류자격 부여	○ 대한민국에서 출생 당시 그의 부 또는 모가 영 별표 1의3 영주(F-5) 체류자격으로 체류하고 있는 사람 - 가족관계 입증서류 - 출생증명서 - 국적국의 신분을 증명하는 서류
		○ 그 밖의 경우에는 영 별표 1의3 영주(F-5) 체류자격에 해당됨을 증명하는 서류
	체류자격 변경허가	○ 영 별표 1의3 영주(F-5)란의 제3호에 해당하는 사람 - 외국인투자기업 등록증명서 - 법인등기사항전부증명서 또는 사업자등록증 - 근로소득 원천징수 영수증 또는 소득금액 증명원
		○ 영 별표 1의3 영주(F-5)란의 제10호에 해당하는 사람 - 해당 분야 수상경력 또는 경력증명서 - 과학기술논문 인용색인(SCI) 등 논문게재 또는 연구실적 증명서류

		- 그 밖에 과학, 경영 등 특정 분야에서 인정받았음을 증명하는 서류
		○ 영 별표 1의3 영주(F-5)란의 제14호에 해당하는 사람 - 투자사실 증명서류
		○ 영 별표 1의3 영주(F-5)란의 제15호에 해당하는 사람 - 투자금을 유치하였다는 사실을 입증하는 서류 - 근로소득 원천징수영수증 등 국민 고용사실을 입증하는 서류
		○ 그 밖의 해당자의 경우 - 영 별표 1의3 영주(F-5) 체류자격에 해당됨을 증명하는 서류 ※ 영 별표 1의3 영주자격(F-5)란의 제1호, 제2호 전단, 제4호부터 제6호까지, 제8호, 제11호부터 제14호까지 또는 제15호에 해당하는 사람의 경우에는 국적국의 권한 있는 기관이 발급한 공적 문서로, 국적국 내에서의 범죄경력이 포함되어 있는 증명서를 추가로 제출하여야 한다.
결혼 이민 (F-6)	체류자격 변경허가	1. 영 별표 1의2의 27. 결혼이민(F-6)의 가목에 해당하는 사람 ○ 혼인성립을 증명하는 서류 ○ 한국인 배우자의 가족관계증명서 및 기본증명서 ○ 제9조의5제4호에 따른 소득 요건을 입증하는 서류 ○ 초청인의 신용정보조회서(한국신용정보원이 발행한 것을 말한다) ○ 한국인 배우자의 신원보증서(보증기간은 2년 이상이어야 한다) ○ 외국인 배우자 초청장 ○ 외국인 배우자의 결혼배경 진술서

○ 제9조의5제6호에 따른 한국어 구사요건 관련 입증서류

○ 제9조의5제7호에 따른 주거 요건을 입증하는 서류

○ 국적국 또는 거주국의 권한 있는 기관이 발급한 공적 문서로서 혼인당사자의 범죄경력에 관한 증명서

○ 다음의 요건을 모두 충족하는 혼인당사자의 건강진단서

  - 후천성면역결핍증 및 성병감염, 결핵감염, 정상적인 결혼생활에 지장을 초래할 수 있는 정신질환 여부 등에 관한 사항을 포함할 것

  - 병원급 의료기관, 「공무원 채용 신체검사 규정」 제3조에 따른 신체검사 실시 검진기관 또는 「지역보건법」제10조에 따른 보건소가 발행한 건강진단서일 것. 이 경우 외국인 배우자는 해당 국적국 또는 거주국에서 통용되는 유사한 입증자료로 갈음할 수 있다.

2. 영 별표 1의2의 27. 결혼이민(F-6)의 나목에 해당하는 사람

○ 가족관계기록사항에 관한 증명서(국민과 사실상 혼인관계임을 증명할 수 있는 서류를 포함한다)

○ 자녀 양육을 증명할 수 있는 서류

○ 국적국 또는 거주국의 권한 있는 기관이 발급한 공적 문서로서 국적국 또는 거주국 내에서의 범죄경력이 포함되어 있는 증명서

○ 병원급 의료기관, 「공무원 채용 신체검사 규정」 제3조에 따른 신체검사 실시 검진기관 또는 「지역보건법」 제10조에 따른 보건소가 발행한 건강진단서

3. 영 별표 1의2의 27. 결혼이민(F-6)의 다목에 해당하는 사람

○ 사망·실종 사실을 증명할 수 있는 서류 또는 그 밖에 본인의 귀책사유 없이 혼인관계가 단절되었음을 증명할 수 있는 서류

		○ 국적국 또는 거주국의 권한 있는 기관이 발급한 공적 문서로서 국적국 또는 거주국 내에서의 범죄경력이 포함되어 있는 증명서 ○ 병원급 의료기관, 「공무원 채용 신체검사 규정」 제3조에 따른 신체검사 실시 검진기관 또는 「지역보건법」 제10조에 따른 보건소가 발행한 건강진단서
	체류기간 연장허가	1. 영 별표 1의2 중 27. 결혼이민(F-6)란의 가목에 해당하는 사람 ○ 한국인 배우자의 혼인관계 증명서 ○ 한국인 배우자의 주민등록등본 2. 영 별표 1의2 중 27. 결혼이민(F-6)란의 나목에 해당하는 사람 ○ 가족관계기록에 관한 증명서 ○ 자녀양육을 증명할 수 있는 서류 3. 영 별표 1의2 중 27. 결혼이민(F-6)란의 다목에 해당하는 사람 ○ 사망·실종 사실을 증명할 수 있는 서류 또는 그 밖에 본인의 귀책사유 없이 혼인관계가 단절되었음을 증명할 수 있는 서류
기타 (G-1)	체류자격 변경허가	○ 산업재해·질병 또는 사고 등 인도적으로 고려할 만한 사유가 발생한 경우 - 산업재해보상보험급여 지급확인원 또는 사고발생사실 확인원 - 진단서 또는 소견서 - 신원보증서(산업재해를 입은 사람은 제외한다) - 가족관계 입증서류 등 체류자격 변경 필요성을 증명하는 서류 ○ 체불임금과 관련하여 「근로기준법」에 따른 중재와 소송

		을 진행하는 경우 - 체불임금 확인서류 - 소송제기 관련 증명서류 - 신원보증서
	체류기간 연장허가	○ 체류자격 변경허가 신청 시의 첨부서류 ○ 신원보증서
관광 취업 (H-1)	체류기간 연장허가	○ 활동계획서가 포함된 여행일정표
	외국인 등록	○ 활동계획서가 포함된 여행일정표
방문 취업 (H-2)	체류자격 변경허가	○ 조기적응프로그램 이수증 ○ 범죄경력에 관한 증명서 ○ 그 밖에 법무부장관이 필요하다고 인정하는 서류
	체류기간 연장허가	○ 영 별표 1의2 중 5. 유학(D-2) 체류자격 소지자의 재학 증명서(유학 자격 소지자의 부모 또는 배우자로서 영 별표 1의2 중 29. 방문취업(H-2) 사증을 소지하고 입 국한 경우만 해당한다)
	외국인 등록	○ 조기적응프로그램 이수증 ○ 법무부장관이 지정한 병원에서 발급한 건강진단서 ○ 영 별표 1의2 중 5. 유학(D-2) 체류자격 소지자의 재학 증명서(유학 자격 소지자의 부모 또는 배우자로서 영 별표 1의2 중 29. 방문취업(H-2) 사증을 소지하고 입 국한 경우만 해당한다)

4. 체류자격 외 활동허가 등 권한의 위임 범위

체류자격 외 활동허가 등 권한의 위임 범위(제78조제6항 관련)

체류자격 (기호)		업무구분				
		체류자격 외 활동	근무처 변경·추가	체류자격 부여	체류자격 변경	체류기간 연장
외교(A-1)				○	○	○
공무(A-2)				○	○	○
협정(A-3)				○	○	○
사증면제(B-1)						○
관광통과(B-2)						○
일시취재(C-1)						○
단기방문(C-3)				◁		○
단기취업(C-4)		◁	◁		◁	○
문화예술(D-1)		○	○		◁	○
유학(D-2)		○	○		◁	○
기술연수(D-3)					◁	○
일반연수(D-4)		○			◁	○
취재(D-5)					◁	○
종교(D-6)		◁	◁		◁	○
주재(D-7)		◁	◁		◁	○
기업 투자 (D-8)	영 별표 1의2 중11. 기업투자란의 가목에 해당하는 사람	○	○		○	○

구분					
영 별표 1의2 중 11. 기업투자란의 나목·다목에 해당하는 사람	◁			○	○
무역경영(D-9)		◁		◁	○
구직(D-10)				○	○
교수(E-1)	◁	◁		◁	○
회화지도(E-2)	◁	○		◁	○
연구(E-3)	◁	◁		◁	○
기술지도(E-4)	◁	◁		◁	○
전문직업(E-5)	◁	◁			○
예술흥행(E-6)	◁	◁		◁	○
특정활동(E-7)	◁	◁		◁	○
계절근로(E-8)	○	○			○
비전문취업(E-9)	◁	◁		◁	○
선원취업(E-10)	◁	◁		◁	○
방문동거(F-1)			○	◁	○
거주(F-2)			◁	◁	○
동반(F-3)			○	○	○
재외동포(F-4)			○	○	○
영주(F-5)			◁	◁	
결혼이민(F-6)			◁	◁	○
기타(G-1)			◁	◁	○

| 관광취업(H-1) | | ○ | | | ◁ |
| 방문취업(H-2) | ◁ | | | ◁ | ○ |

비고

1. 표를 보는 방법 : 각 체류자격별 체류자격 외 활동란, 체류자격부여란, 체류자격변경란에는 다른 체류자격에서 해당 체류자격으로의 체류자격 외 활동, 체류자격부여, 체류자격변경에 대한 허가 권한의 위임 여부를 표시하고, 각 체류자격별 근무처 변경·추가란, 체류기간 연장란에는 동일한 체류자격에서 근무처 변경·추가, 체류기간 연장에 대한 허가 권한의 위임 여부를 표시함.

2. ○표는 법무부장관이 그의 권한을 청장·사무소장 또는 출장소장에게 위임한 것을 의미함.

3. ◁표는 법무부장관이 청장·사무소장 또는 출장소장에게 법무부장관이 정하여 고시하는 사무의 일부를 위임한 것을 의미함.

4. ☒표는 해당사항 없음을 의미하고, 빈칸(표시 없음)은 법무부장관의 권한임을 의미함.

5. 범칙금의 양정기준1

범칙금의 양정기준(제86조제1항 관련)

1. 일반기준

가. 제2호의 개별기준 중 위반인원에 따른 범칙금의 양정기준은 다음과 같다.

1) 라목에 대해서는 법 제7조의2제1호를 위반한 범칙금 부과대상자의 경우 허위로 초청하거나 알선한 외국인 수에 따르고, 법 제7조의2제2호를 위반한 범칙금 부과대상자의 경우 허위로 사증 또는 사증발급인정서를 신청하거나 알선한 외국인 수에 따른다.

2) 마목, 사목, 아목 및 추목에 대해서는 범칙금 부과대상자가 불법 입국시키거나 알선한 외국인 수에 따른다.

3) 러목, 머목, 저목 및 처목에 대해서는 범칙금 부과대상자가 알선하거나 권유한 외국인 수에 따른다.

4) 버목에 대해서는 범칙금 부과대상자가 불법 고용을 알선할 목적으로 자기 지배하에 둔 외국인 수에 따른다.

5) 보목에 대해서는 범칙금 부과대상자가 여권이나 외국인등록증을 제공받거나 그 제공을 강요 또는 알선한 외국인 수에 따른다.

6) 호목, 구목 및 누목에 대해서는 무단으로 입국·상륙 또는 탑승한 사람의 수에 따른다.

나. 제2호의 개별기준 중 위반횟수에 따른 범칙금의 양정기준은 최근 3년간 같은 위반행위로 범칙금 부과처분을 받은 경우에 적용한다. 이 경우 기간의 계산은 위반행위에 대하여 범칙금 부과처분을 받은 날과 그 처분 후 다시 위반행위를 하여 적발된 날을 기준으로 한다.

다. 나목에 따라 가중된 부과처분을 하는 경우 가중처분의 적용차수는 그 위반행위 전 부과처분 차수(나목에 따른 기간 내에 범칙금 부과처분이 둘 이상 있었던 경우에는 높은 차수를 말한다)의 다음 차수로 한다.

2. 개별기준

범칙금 부과대상자	해당 법조문	위반인원, 위반횟수 또는 위반기간	범칙금액
가. 법 제3조제1항을 위반하여 출국심사를 받지 않고 출국한 사람	법 제94조 제1호	1회	500만원
		2회	1,500만원
		3회 이상	3,000만원
나. 법 제6조제1항을 위반하여 입국심사를 받지 않고 입국한 사람	법 제95조 제1호	1회	200만원
		2회	500만원
		3회	700만원
		4회 이상	1,000만원
다. 법 제7조제1항 또는 제4항을 위반하여 입국한 사람	법 제94조 제2호	1회	500만원
		2회	1,500만원
		3회 이상	3,000만원
라. 법 제7조의2를 위반한	법 제94조 제3호	1명	1,000만원

사람		2명	1,200만원
		3명	1,400만원
		4명	1,600만원
		5명	1,800만원
		6명	2,000만원
		7명	2,200만원
		8명	2,400만원
		9명	2,600만원
		10명	2,800만원
		11명 이상	3,000만원
마. 법 제12조제1항 또는 제2항에 따라 입국심사를 받아야 하는 외국인을 집단으로 불법입국하게 하거나 이를 알선한 사람으로서 영리를 목적으로 한 사람	법 제93조의2 제2항제1호	2명	2,000만원
		3명	2,500만원
		4명	3,000만원
		5명	3,500만원
		6명	4,000만원
		7명	4,500만원
		8명	5,000만원
		9명	5,500만원
		10명	6,000만원
		11명 이상	7,000만원
바. 법 제12조제1항 또는 제2항을 위반하여 입국심사를 받지 않고 입국한 사람	법 제93조의3 제1호	1회	1,000만원
		2회	3,000만원
		3회 이상	5,000만원
		2명	2,000만원
		3명	2,500만원

사. 법 제12조의3제1항을 위반하여 외국인을 집단으로 불법입국 또는 불법출국하게 할 목적으로 선박 등을 제공하거나 이를 알선한 사람으로서 영리를 목적으로 한 사람	법 제93조의2 제2항제2호	4명	3,000만원
		5명	3,500만원
		6명	4,000만원
		7명	4,500만원
		8명	5,000만원
		9명	5,500만원
		10명	6,000만원
		11명 이상	7,000만원
아. 법 제12조의3제2항을 위반하여 불법으로 입국한 외국인을 집단으로 대한민국 안에서 은닉 또는 도피하게 할 목적으로 교통수단을 제공하거나 이를 알선한 사람으로서 영리를 목적으로 한 사람	법 제93조의2 제2항제3호	2명	2,000만원
		3명	2,500만원
		4명	3,000만원
		5명	3,500만원
		6명	4,000만원
		7명	4,500만원
		8명	5,000만원
		9명	5,500만원
		10명	6,000만원
		11명 이상	7,000만원
자. 법 제12조의3을 위반한 사람으로서 법 제93조의2제2항 또는 제93조의3제1호·제3호에 해당하지 않는 사람	법 제94조 제4호	1회	1,000만원
		2회	1,500만원
		3회	2,000만원
		4회 이상	3,000만원
차. 법 제13조제2항에 따른 조건부 입국허가의 조건을 위반한 사람	법 제95조 제2호	1회	100만원
		2회	300만원

		3회	500만원
		4회 이상	1,000만원
카. 법 제14조제1항에 따른 승무원 상륙허가 또는 법 제14조의2제1항에 따른 관광상륙허가를 받지 않고 상륙한 사람	법 제94조 제5호	1회	200만원
		2회	500만원
		3회	1,500만원
		4회 이상	3,000만원
타. 법 제14조제3항에 따른 승무원 상륙허가 또는 법 제14조의2제3항에 따른 관광상륙허가의 조건을 위반한 사람	법 제94조 제6호	1회	100만원
		2회	500만원
		3회	1,500만원
		4회 이상	3,000만원
파. 법 제15조제1항에 따른 긴급상륙허가, 법 제16조제1항에 따른 재난상륙허가 또는 법 제16조의2제1항에 따른 난민임시상륙허가를 받지 않고 상륙한 사람	법 제95조 제3호	1회	50만원
		2회	300만원
		3회	500만원
		4회 이상	1,000만원
하. 법 제15조제2항, 제16조제2항 또는 제16조의2제2항에 따른 허가조건을 위반한 사람	법 제95조 제4호	1회	50만원
		2회	300만원
		3회	500만원
		4회 이상	1,000만원
거. 법 제17조제1항을 위반하여 체류자격이나 체류기간의 범위를 벗어나서 체류한 사람	법 제94조 제7호	1개월 미만	200만원
		1개월 이상 3개월 미만	300만원
		3개월 이상 6개월 미만	400만원

		6개월 이상 1년 미만	700만원
		1년 이상 2년 미만	1,000만원
		2년 이상 3년 미만	1,500만원
		3년 이상 5년 미만	2,000만원
		5년 이상 7년 미만	2,500만원
		7년 이상	3,000만원
너. 법 제18조제1항을 위반 하여 취업활동을 할 수 있는 체류자격을 받지 않 고 취업활동을 한 사람	법 제94조 제8호	1개월 미만	200만원
		1개월 이상 3개월 미만	300만원
		3개월 이상 6개월 미만	400만원
		6개월 이상 1년 미만	700만원
		1년 이상 2년 미만	1,000만원
		2년 이상 3년 미만	1,500만원
		3년 이상 5년 미만	2,000만원
		5년 이상 7년 미만	2,500만원
		7년 이상	3,000만원
		3개월 미만	100만원

더. 법 제18조제2항을 위반하여 지정된 근무처가 아닌 곳에서 근무한 사람	법 제95조 제5호	3개월 이상 6개월 미만	200만원
		6개월 이상 1년 미만	300만원
		1년 이상 2년 미만	500만원
		2년 이상	1,000만원
러. 법 제18조제4항을 위반하여 취업활동을 할 수 있는 체류자격을 가지지 않은 외국인의 고용을 알선·권유한 사람(업으로 하는 사람은 제외한다)	법 제97조 제1호	1명	100만원
		2명 이상 4명 이하	200만원
		5명 이상 9명 이하	300만원
		10명 이상	500만원
머. 법 제18조제4항을 위반하여 취업활동을 할 수 있는 체류자격을 가지지 않은 외국인의 고용을 업으로 알선·권유한 사람	법 제94조 제10호	1명	1,000만원
		2명 이상 4명 이하	1,500만원
		5명 이상 9명 이하	2,000만원
		10명 이상 20명 이하	2,500만원
		21명 이상	3,000만원
버. 법 제18조제5항을 위반하여 체류자격을 가지지 않은 외국인을 자기 지배하에 두는 행위를 한 사람	법 제94조 제11호	1명	1,000만원
		2명 이상 4명 이하	1,500만원
		5명 이상 9명 이하	2,000만원
		10명 이상 20명 이하	2,500만원

		21명 이상	3,000만원
서. 법 제20조를 위반하여 체류자격 외 활동허가를 받지 않고 다른 체류자격에 해당하는 활동을 한 사람	법 제94조 제12호	1개월 미만	200만원
		1개월 이상 3개월 미만	300만원
		3개월 이상 6개월 미만	400만원
		6개월 이상 1년 미만	700만원
		1년 이상 2년 미만	1,000만원
		2년 이상 3년 미만	1,500만원
		3년 이상 5년 미만	2,000만원
		5년 이상 7년 미만	2,500만원
		7년 이상	3,000만원
어. 법 제21조제1항 본문을 위반하여 허가를 받지 않고 근무처를 변경하거나 추가한 사람	법 제95조 제6호	3개월 미만	100만원
		3개월 이상 6개월 미만	200만원
		6개월 이상 1년 미만	300만원
		1년 이상 2년 미만	500만원
		2년 이상	1,000만원
저. 법 제21조제2항을 위반하여 근무처의 변경 또는 추가허가를 받지 않	법 제97조 제2호	1명	100만원
		2명 이상 4명 이하	200만원

은 외국인의 고용을 알선한 사람(업으로 하는 사람은 제외한다)		5명 이상 9명 이하	300만원
		10명 이상	500만원
처. 법 제21조제2항을 위반하여 근무처의 변경허가 또는 추가허가를 받지 않은 외국인의 고용을 업으로 알선한 사람	법 제94조 제13호	1명	1,000만원
		2명 이상 4명 이하	1,500만원
		5명 이상 9명 이하	2,000만원
		10명 이상 20명 이하	2,500만원
		21명 이상	3,000만원
커. 법 제22조에 따른 제한 등을 위반한 사람	법 제94조 제14호	1회	300만원
		2회	500만원
		3회	1,000만원
		4회	2,000만원
		5회 이상	3,000만원
터. 법 제23조를 위반하여 체류자격을 받지 않고 체류한 사람	법 제94조 제15호	1개월 미만	50만원
		1개월 이상 3개월 미만	100만원
		3개월 이상 6개월 미만	200만원
		6개월 이상 1년 미만	500만원
		1년 이상 2년 미만	1,000만원
		2년 이상 3년 미만	1,500만원

		3년 이상 5년 미만	2,000만원
		5년 이상 7년 미만	2,500만원
		7년 이상	3,000만원
퍼. 법 제24조를 위반하여 체류자격 변경허가를 받 지 않고 다른 체류자격 에 해당하는 활동을 한 사람	법 제94조 제16호	1개월 미만	50만원
		1개월 이상 3개월 미만	100만원
		3개월 이상 6개월 미만	200만원
		6개월 이상 1년 미만	500만원
		1년 이상 2년 미만	1,000만원
		2년 이상 3년 미만	1,500만원
		3년 이상 5년 미만	2,000만원
		5년 이상 7년 미만	2,500만원
		7년 이상	3,000만원
허. 법 제25조를 위반하여 체류기간 연장허가를 받 지 않고 체류기간을 초과 하여 계속 체류한 사람	법 제94조 제17호	1개월 미만	50만원
		1개월 이상 3개월 미만	100만원
		3개월 이상 6개월 미만	200만원
		6개월 이상 1년 미만	500만원

		1년 이상 2년 미만	1,000만원
		2년 이상 3년 미만	1,500만원
		3년 이상 5년 미만	2,000만원
		5년 이상 7년 미만	2,500만원
		7년 이상	3,000만원
고. 법 제26조제1호를 위반 한 사람	법 제94조 제17호의2	1회	500만원
		2회	1,000만원
		3회	2,000만원
		4회 이상	3,000만원
노. 법 제26조제2호를 위반 한 사람	법 제94조 제17호의2	1명	1,000만원
		2명 이상 4명 이하	1,500만원
		5명 이상 9명 이하	2,000만원
		10명 이상 19명 이하	2,500만원
		20명 이상	3,000만원
도. 법 제27조에 따른 여권 등의 휴대 또는 제시 의 무를 위반한 사람	법 제98조 제1호	1회	10만원
		2회	20만원
		3회	50만원
		4회 이상	100만원
로. 법 제28조제1항이나 제 2항을 위반하여 출국심	법 제94조 제18호	1회	500만원
		2회	1,500만원

		3회 이상	3,000만원
사를 받지 않고 출국한 사람			
모. 법 제31조의 등록의무를 위반한 사람	법 제95조 제7호	1개월 미만	20만원
		1개월 이상 3개월 미만	50만원
		3개월 이상 6개월 미만	100만원
		6개월 이상 1년 미만	200만원
		1년 이상 2년 미만	500만원
		2년 이상	1,000만원
보. 법 제33조의3제1호를 위반한 사람	법 제94조 제19호	1명	1,000만원
		2명 이상 4명 이하	1,500만원
		5명 이상 9명 이하	2,000만원
		10명 이상 19명 이하	2,500만원
		20명 이상	3,000만원
소. 법 제33조의3(제1호를 제외한다)을 위반한 사람	법 제94조 제19호	1회	1,000만원
		2회	1,500만원
		3회	2,000만원
		4회 이상	3,000만원
오. 법 제36조제1항에 따른 체류지 변경신고 의무를 위반한 사람	법 제98조 제2호	3개월 미만	10만원
		3개월 이상	30만원

		6개월 미만	
		6개월 이상 1년 미만	50만원
		1년 이상 2년 미만	70만원
		2년 이상	100만원
조. 법 제51조제1항·제3항, 제56조, 제63조제1항·제2항 또는 제63조의3제1항에 따라 보호 또는 일시보호된 사람으로서 도주하거나 보호 또는 강제퇴거 등을 위한 호송 중에 도주한 사람(법 제93조의2제1항제1호 또는 제2호에 해당하는 사람은 제외한다)	법 제95조 제8호	1회	200만원
		2회	500만원
		3회 이상	1,000만원
초. 법 제63조의2제4항 및 제63조의3제2항에 따른 주거의 제한, 정기 보고, 신원보증인의 지정, 보증금의 납부 등 그 밖의 조건을 위반한 사람	법 제95조 제9호	1회	100만원
		2회	300만원
		3회	500만원
		4회 이상	1,000만원
코. 법 제69조(법 제70조제1항 및 제2항에서 준용하는 경우를 포함한다)를 위반한 사람	법 제94조 제20호	1회	500만원
		2회	1,000만원
		3회	2,000만원
		4회 이상	3,000만원
		1회	100만원

토. 법 제71조제4항(법 제70 조제1항 및 제2항에서 준용하는 경우를 포함한 다)에 따른 출항의 일시 정지 또는 회항 명령이 나 선박등의 출입 제한 을 위반한 사람	법 제96조 제1호	2회	300만원
		3회	500만원
		4회 이상	1,000만원
포. 법 제72조(법 제70조제1 항 및 제2항에서 준용하 는 경우를 포함한다)를 위반하여 허가를 받지 않고 선박등이나 출입국 심사장에 출입한 사람	법 제97조 제3호	1회	100만원
		2회	200만원
		3회	300만원
		4회 이상	500만원
호. 정당한 사유 없이 법 제 73조(법 제70조제1항 및 제2항에서 준용하는 경 우를 포함한다) 제1호에 따른 입국이나 상륙허가 를 받지 않은 사람의 입 국·상륙방지 의무를 위 반한 사람	법 제96조 제2호	1명	500만원
		2명 이상 4명 이하	700만원
		5명 이상	1,000만원
구. 정당한 사유 없이 법 제 73조(법 제70조제1항 및 제2항에서 준용하는 경 우를 포함한다) 제2호에 따른 유효한 여권과 필 요한 사증을 지니지 않 은 사람의 탑승방지 의 무를 위반한 사람	법 제96조 제2호	1명	100만원
		2명 이상 4명 이하	200만원
		5명 이상 9명 이하	500만원
		10명 이상	1,000만원

누. 정당한 사유 없이 법 제73조(법 제70조제1항 및 제2항에서 준용하는 경우를 포함한다) 제3호에 따른 승선허가나 출국심사를 받지 않은 사람의 탑승방지 의무를 위반한 사람	법 제96조 제2호	1명	500만원
		2명 이상 4명 이하	700만원
		5명 이상	1,000만원
두. 정당한 사유 없이 법 제73조(법 제70조제1항 및 제2항에서 준용하는 경우를 포함한다) 제4호부터 제9호까지에 따른 의무를 위반한 사람	법 제96조 제2호	1회	100만원
		2회	200만원
		3회	500만원
		4회 이상	1,000만원
루. 법 제73조의2제1항(법 제70조제1항 및 제2항에서 준용하는 경우를 포함한다) 또는 제3항(법 제70조제1항 및 제2항에서 준용하는 경우를 포함한다)을 위반하여 열람 또는 문서 제출 요청에 따르지 않은 사람	법 제96조 제2호	1회	100만원
		2회	200만원
		3회	500만원
		4회 이상	1,000만원
무. 법 제74조(법 제70조제1항 및 제2항에서 준용하는 경우를 포함한다)에 따른 제출 또는 통보의 무를 위반한 사람	법 제97조 제4호	1회	100만원
		2회	200만원
		3회	300만원
		4회 이상	500만원

부. 정당한 사유 없이 법 제75조제1항(법 제70조제1항 및 제2항에서 준용하는 경우를 포함한다) 또는 제2항(법 제70조제1항 및 제2항에서 준용하는 경우를 포함한다)에 따른 보고서를 제출하지 않거나 거짓으로 제출한 사람	법 제96조 제3호	1회	100만원
		2회	300만원
		3회	500만원
		4회 이상	1,000만원
수. 법 제75조제4항(법 제70조제1항 및 제2항에서 준용하는 경우를 포함한다) 및 제5항(법 제70조제1항 및 제2항에서 준용하는 경우를 포함한다)에 따른 보고 또는 방지의무를 위반한 사람	법 제97조 제5호	1회	100만원
		2회	200만원
		3회	300만원
		4회 이상	500만원
우. 법 제76조제1항(법 제70조제1항 및 제2항에서 준용하는 경우를 포함한다)에 따른 송환의무를 위반한 사람	법 제97조 제6호	1회	100만원
		2회	200만원
		3회	300만원
		4회 이상	500만원
주. 법 제76조의6제1항을 위반하여 난민인정증명서 또는 난민여행증명서를 반납하지 않거나 같은 조 제2항에 따른 난	법 제97조 제7호	1개월 미만	50만원
		1개월 이상 3개월 미만	100만원
		3개월 이상 6개월 미만	200만원

민여행증명서 반납명령을 위반한 사람		6개월 이상 1년 미만	300만원
		1년 이상 2년 미만	400만원
		2년 이상	500만원
추. 법 제93조의2제2항 각 호의 어느 하나에 해당하는 죄를 범한 사람(영리를 목적으로 한 사람은 제외한다)	법 제93조의3 제3호	2명	1,000만원
		3명	1,500만원
		4명	2,000만원
		5명	2,500만원
		6명	3,000만원
		7명	3,400만원
		8명	3,800만원
		9명	4,200만원
		10명	4,600만원
		11명 이상	5,000만원
쿠. 법 제93조의2의 죄를 범할 목적으로 예비하거나 음모한 사람과 미수범	법 제99조 제1항		본죄에서 정하는 범칙금 기준액과 같음
투. 법 제93조의3제1호·제3호의 죄를 범할 목적으로 예비하거나 음모한 사람과 미수범	법 제99조 제1항		본죄에서 정하는 범칙금 기준액과 같음
푸. 법 제94조제1호부터 제5호까지 또는 제18호의 죄를 범할 목적으로 예비하거나 음모한 사람과 미수범	법 제99조 제1항		본죄에서 정하는 범칙금 기준액과 같음

후. 법 제95조제1호의 죄를 범할 목적으로 예비하거나 음모한 사람과 미수범	법 제99조 제1항		본죄에서 정하는 범칙금 기준액과 같음
그. 법 제93조의2의 죄를 교사하거나 방조한 사람	법 제99조 제2항		정범의 범칙금 기준액과 같음
느. 법 제93조의3제1호·제3호의 죄를 교사하거나 방조한 사람	법 제99조 제2항		정범의 범칙금 기준액과 같음
드. 법 제94조제1호부터 제5호까지 또는 제18호의 죄를 교사하거나 방조한 사람	법 제99조 제2항		정범의 범칙금 기준액과 같음
르. 법 제95조제1호의 죄를 교사하거나 방조한 사람	법 제99조 제2항		정범의 범칙금 기준액과 같음
므. 법인의 대표자나 법인 또는 개인의 대리인, 사용인, 그 밖의 종업원이 그 법인 또는 개인의 업무에 관하여 법 제94조제3호에 따른 위반행위를 한 때에 그 법인 또는 개인(다만, 법인 또는 개인이 그 위반행위를 방지하기 위하여 해당 업무에 관하여 상당한 주의와 감독을 게을리 하지 않은 경우에는 제외한다. 이하 이 표에서 같다)	법 제99조의3 (양벌규정) 제1호		라. 법 제94조제3호 범칙금 기준액적용

브. 법인의 대표자나 법인 또는 개인의 대리인, 사용인, 그 밖의 종업원이 그 법인 또는 개인의 업무에 관하여 법 제94조 제10호에 따른 위반행위를 한 때에 그 법인 또는 개인	법 제99조의3 (양벌규정) 제2호의2		머. 법 제94조 제10호 범칙금 기준액 적용
스. 법인의 대표자나 법인 또는 개인의 대리인, 사용인, 그 밖의 종업원이 그 법인 또는 개인의 업무에 관하여 법 제94조 제19호의 위반행위 중 법 제33조의3제1호를 위반한 행위를 한 때에 그 법인 또는 개인	법 제99조의3 (양벌규정) 제3호		보. 법 제94조제19호 범칙금 기준액 적용
으. 법인의 대표자나 법인 또는 개인의 대리인, 사용인, 그 밖의 종업원이 그 법인 또는 개인의 업무에 관하여 법 제94조 제20호에 따른 위반행위를 한 때에 그 법인 또는 개인	법 제99조의3 (양벌규정) 제4호		코. 법 제94조제20호 범칙금 기준액 적용
즈. 법인의 대표자나 법인 또는 개인의 대리인, 사	법 제99조의3 (양벌규정)		토, 호, 구, 누, 두, 루, 부. 법 제96조 제1호부터

용인, 그 밖의 종업원이 그 법인 또는 개인의 업무에 관하여 법 제96조 제1호부터 제3호까지의 규정에 따른 위반행위를 한 때에 그 법인 또는 개인	제6호		제3호 범칙금 기준액 적용
츠. 법인의 대표자나 법인 또는 개인의 대리인, 사용인, 그 밖의 종업원이 그 법인 또는 개인의 업무에 관하여 법 제97조 제4호부터 제6호까지의 규정에 따른 위반행위를 한 때에 그 법인 또는 개인	법 제99조의3 (양벌규정) 제7호		무, 수, 우. 법 제97조 제4호부터 제6호까지 범칙금 기준액 적용

6. 범칙금의 양정기준2

범칙금의 양정기준(제86조제1항 관련)

범칙금 부과대상자	해당 법조문	고용 인원	위반기간별 범칙금액				
			3개월 미만	3개월 이상 6개월 미만	6개월 이상 1년 미만	1년 이상 2년 미만	2년 이상
	법 제 9 4 조 제9호	1명	300만원	500만원	700만원	900만원	1,100 만원
		2명	500만원	700만원	900만원	1,100 만원	1,300 만원

1. 법 제18조 제 3 항 을 위반하여 취업활동 을 할 수 있는 체류 자격을 가 지지 않은 사람을 고 용한 사람					

3명	700만원	900만원	1,100 만원	1,300 만원	1,500 만원
4명	900만원	1,100 만원	1,300 만원	1,500 만원	1,700 만원
5명	1,100 만원	1,300 만원	1,500 만원	1,700 만원	1,900 만원
6명	1,300 만원	1,500 만원	1,700 만원	1,900 만원	2,100 만원
7명	1,500 만원	1,700만 원	1,900 만원	2,100 만원	2,300 만원
8명	1,700 만원	1,900만 원	2,100 만원	2,300 만원	2,500 만원
9명	1,900 만원	2,100 만원	2,300 만원	2,500 만원	2,700 만원
10명	2,100 만원	2,300 만원	2,500 만원	2,700 만원	2,900 만원
11명 이상 14명 이하	2,300 만원	2,500 만원	2,700 만원	2,900 만원	3,000 만원
15명 이상 19명 이하	2,500 만원	2,700 만원	2,900 만원	3,000 만원	3,000 만원
20명 이상 24명 이하	2,600 만원	2,900 만원	3,000 만원	3,000 만원	3,000 만원
25명	2,700	3,000	3,000	3,000	3,000

		이상 29명 이하	만원	만원	만원	만원	만원
		30명 이상 39명 이하	2,800 만원	3,000 만원	3,000 만원	3,000 만원	3,000 만원
		40명 이상 49명 이하	2,900 만원	3,000 만원	3,000 만원	3,000 만원	3,000 만원
		50명 이상	3,000 만원	3,000 만원	3,000 만원	3,000 만원	3,000 만원
2. 법 제21조 제2항을 위반하여 근무처의 변경허가 또는 추가허가를 받지 않은 외국인을 고용한 사람	법 제 95조 제6호	1명	200만원	250만원	300만원	400만원	500만원
		2명	250만원	300만원	350만원	450만원	550만원
		3명	300만원	350만원	400만원	500만원	600만원
		4명	350만원	400만원	450만원	550만원	650만원
		5명	400만원	450만원	500만원	600만원	700만원
		6명	450만원	500만원	550만원	650만원	750만원
		7명	500만원	550만원	600만원	700만원	800만원
		8명	550만원	600만원	650만원	750만원	850만원
		9명	600만원	650만원	700만원	800만원	900만원
		10명 이상	650만원	700만원	800만원	850만원	1,000 만원

3. 법인의 대표자나 법인 또는 개인의 대리인, 사용인, 그 밖의 종업원이 그 법인 또는 개인의 업무에 관하여 법 제94조제9호에 따른 위반행위를 한 때에 그 법인 또는 개인 (다만, 법인 또는 개인이 그 위반행위를 방지하기 위하여 해당 업무에 관하여 상당한 주의와 감독을 게	법 제 9 9 조 의 3 (양벌규정) 제2호	1명	300만원	500만원	700만원	900만원	1,100 만원
		2명	500만원	700만원	900만원	1,100 만원	1,300 만원
		3명	700만원	900만원	1,100 만원	1,300 만원	1,500 만원
		4명	900만원	1,100 만원	1,300 만원	1,500 만원	1,700 만원
		5명	1,100 만원	1,300 만원	1,500 만원	1,700 만원	1,900 만원
		6명	1,300 만원	1,500 만원	1,700 만원	1,900 만원	2,100 만원
		7명	1,500 만원	1,700 만원	1,900 만원	2,100 만원	2,300 만원
		8명	1,700 만원	1,900 만원	2,100 만원	2,300 만원	2,500 만원
		9명	1,900 만원	2,100 만원	2,300 만원	2,500 만원	2,700 만원
		10명	2,100 만원	2,300 만원	2,500 만원	2,700 만원	2,900 만원
		11명 이상 14명 이하	2,300 만원	2,500 만원	2,700 만원	2,900 만원	3,000 만원
		15명 이상 19명 이하	2,500 만원	2,700 만원	2,900 만원	3,000 만원	3,000 만원
		20명 이상	2,600	2,900	3,000	3,000	3,000

		24명 이하	만원	만원	만원	만원	만원
을리 하 지 않은 경우에는 제외한 다. 이하 이 표에 서 같다)		25명 이상 29명 이하	2,700 만원	3,000 만원	3,000 만원	3,000 만원	3,000 만원
		30명 이상 39명 이하	2,800 만원	3,000 만원	3,000 만원	3,000 만원	3,000 만원
		40명 이상 49명 이하	2,900 만원	3,000 만원	3,000 만원	3,000 만원	3,000 만원
		50명 이상	3,000 만원	3,000 만원	3,000 만원	3,000 만원	3,000 만원
4. 법인 의 대표 자나 법 인 또는 개인의 대리인, 사용인, 그 밖의 종업원이 그 법인 또는 개 인의 업 무에 관 하여 법 제95조제 6호의 위	법 제 9 9 조 의 3 (양 벌 규 정) 제5호	1명	200만원	250만원	300만원	400만원	500만원
		2명	250만원	300만원	350만원	450만원	550만원
		3명	300만원	350만원	400만원	500만원	600만원
		4명	350만원	400만원	450만원	550만원	650만원
		5명	400만원	450만원	500만원	600만원	700만원
		6명	450만원	500만원	550만원	650만원	750만원

반행위 중 제21조제2항을 위반하여 고용 행위를 한 때에 그 법인 또는 개인	7명	500만원	550만원	600만원	700만원	800만원
	8명	550만원	600만원	650만원	750만원	850만원
	9명	600만원	650만원	700만원	800만원	900만원
	10명 이상	650만원	700만원	800만원	850만원	1,000 만원

7. 자동출입국심사 등록신청서

자동출입국심사 등록신청서

접수번호	접수일	처리기간	즉시

신청인 기본정보	성 명		성 별 [ ] 남 [ ] 여
	생년월일		여권번호
	주 소		
	연락처	전화번호:	휴대전화:
		전자우편(e-mail):	

자동출입국심사용 개인정보 관련 고지사항

1. 수집되는 개인정보의 종류는 지문(왼손 및 오른손의 집게손가락)과 얼굴에 관한 정보입니다.

2. 제공된 개인정보는 정보화기기를 이용한 본인 확인 등 출입국심사에 활용됩니다.

3. 제공된 개인정보는 「개인정보 보호법」에 따라 처리 및 관리되며, 개인정보를 암호화 및 정보화 처리하여 안전하게 관리됩니다.

4. 신청인은 개인정보의 수집을 거부할 권리가 있으며, 개인정보의 수집을 거부할 경우에는 자동출입국심사대 이용이 제한될 수 있습니다.

6. 개인정보 관리 책임자는 다음과 같습니다

 • 소속: • 성명: • 전화번호:

7. 개인정보 주체나 그 법정대리인(개인정보 주체가 14세 미만인 경우로 한정합니다)은 「개인정보 보호법」에 따라 제공한 개인정보를 열람하거나 이용내역을 확인할 수 있으며, 개인정보의 오류를 정정하여 줄 것을 요청하거나 개인정보 이용에 대한 동의를 철회할 수 있습니다.

위 본인은 「출입국관리법 시행령」 제1조의2제1항 및 같은 법 시행규칙 제1조의2제1항에 따라 자동출입국심사를 신청하며, 자동출입국심사에 필요한 개인정보의 제공 및 이용에 동의합니다.

년   월   일

신청인: (서명 또는 인)

○○출입국 · 외국인청(사무소 · 출장소)장   귀하

첨부서류	없음	수수료 없음

8. 자동출입국심사 등록 해지신청서

자동출입국심사 등록 해지신청서

접수번호	접수일		처리기간	즉시

신청인	성 명		성 별 [ ] 남 [ ] 여	
	생년월일		여권번호	
	주 소			
	연 락 처	전화:	휴대전화:	
		전자우편(e-mail):		
	기 타			

위 본인은 「출입국관리법 시행규칙」 제1조의2제3항에 따라 자동출입국심사 등록의 해지를 신청합니다.

년   월   일

신청인   (서명 또는 인)

○○출입국·외국인청(사무소·출장소)장   귀하

첨부서류	없 음	수수료 없 음

9. 자동출입국심사 등록정보 정정신청서

자동출입국심사 등록정보 정정신청서

접수번호	접수일	처리기간	즉시

신청인	성 명		성 별 [ ] 남　　[ ] 여
	생년월일		여권번호

정 정 할 정보 (정정할 사 항 만 기재)	주 소	
	전화번호: 전자우편(e-mail):	휴대전화:
	이 메 일	
	기 타	

위 본인은 「출입국관리법 시행규칙」 제1조의2제3항에 따라 자동출입국심사 등록정보의 정정을 신청합니다.

년　　　월　　　일

신청인　　　　　　　　　　(서명 또는 인)

○○출입국·외국인청(사무소·출장소)장 귀하

첨부서류	없 음	수수료 없 음

10. 외국인입국허가서

(1면)   (4면)

외국인입국허가서
ENTRY PERMIT FOR ALIENS

사진 PHOTO 3.5cm×4.5cm (여권용 사진)	허가서 번호 Permit No.( ) (장관승인번호) ( )	
	성 Surname name	
	명 Given names	
성별 Sex	생년월일 Date of birth	국적 Nationality
직업 Occupation	출생지 Place of Birth(City, Country)	
체류자격 Status	체류기간 Period of sojourn	
참고 Annotation		
발급일 Date of issue	유효기간 Date of expiration	

발급기관
Authority of issue ....

유의사항 NOTICE

1. 이 허가서는 대한민국을 여행하는 외국인에게 오직 편의를 주기 위하여 발급한 것이며, 소지인의 국적에는 어떠한 변경이나 영향도 주지 않습니다.

This Permit is issued to an alien solely with a view to facilitating his/her journey to the Republic of Korea. It is without prejudice to and in no way affects the bearer's nationality.

2. 이 허가서는

발급일로부터 ([ ]3   [ ]36   )개월 안에

대한민국에 ([ ] 한번   [ ] 여러번   ) 입국할 수 있습니다.

Good For ([ ] Single   [ ] Multiple   ) journey to the Republic of Korea

within ([ ] 3   [ ] 36   ) months from the date of issue

(2면)   (3면)

≪공용란≫ FOR OFFICIAL USE ONLY	

11. 사증발급신청서

사증발급신청서
VISA APPLICATION FORM

〈신청서 작성방법〉
‣ 신청인은 사실에 근거하여 빠짐없이 정확하게 신청서를 작성해야 합니다.
‣ 신청서상의 모든 질문에 대한 답변은 한글 또는 영문으로 기재해야 합니다.
‣ 선택사항은 해당 칸[ ] 안에 √ 표시를 하시기 바랍니다.
‣'기타'를 선택한 경우, 상세내용을 기재하시기 바랍니다.

〈How to fill out this form〉
‣ The applicant must fill out this form completely and correctly.
‣ The applicant must write in block letters either in English or Korean.
‣ For multiple-choice questions, the applicant must check [√] all that apply.
‣ If the applicant selects'Other', please provide more information in the given space.

1. 인적사항 / PERSONAL DETAILS

PHOTO 여권용 사진 (35㎜×45㎜) - 흰색 바탕에 모자를 쓰지 않은 정면 사진으로 촬 영일부터 6개월이 경과 하지 않아야 함 A color photo taken within the last 6 months (full face without hat, front view against white or off-white background)	1.1 여권에 기재된 영문 성명 Full name in English (as shown in passport)	
	성 Family Name	명 Given Names
	1.2 한자성명 漢字姓名	1.3 성별 Sex 남성/Male[ ] 여성/Female[ ]
	1.4 생년월일 Date of Birth (yyyy/mm/dd)	1.5 국적 Nationality
	1.6 출생국가 Country of Birth	1.7 국가신분증번호 National Identity No.

1.8 이전에 한국에 출입국하였을 때 다른 성명을 사용했는지 여부

Has the applicant ever used any other names to enter or depart Korea?

아니요 No [   ]   예 Yes [   ]

→ '예' 선택 시 상세내용 기재 If'Yes', please provide details

(성 Family Name   , 명 Given Name   )

1.9 복수 국적 여부 Is the applicant a citizen of more than one country ?

아니요 No [   ]   예 Yes [   ]

→ '예' 선택 시 상세내용 기재   If 'Yes', please write the countries

(   )

2. 신청 사증 정보/ DETAILS OF VISA APPLICATION

2.1 체류기간(장·단기) Period of Stay(Long/Short-term) 90일 이상 장기체류 Long-term Stay over 90 days [ ] 90일 이하 단기체류 Short-term Stay less than 90 days [ ]	2.2 체류자격 Status of Stay

공용란 FOR OFFICIAL USE ONLY						
기본사항	체류자격		체류기간		사증종류	단수 · 복수(2회, 3회 이상)
접수사항	접수일자		접수번호		처리과	
허가사항	허가일자		사증번호		고지사항	
결 재	담당자		가 [ ] 부 [ ]	〈심사의견〉		

〈 수입인지 부착란 〉

3. 여권정보 / PASSPORT INFORMATION

3.1 여권종류 Passport Type

외교관 Diplomatic [   ]   관용 Official [   ]

일반 Regular   [   ]   기타 Other   [   ]

→ '기타' 상세내용 If 'Other', please provide details

(   )

3.2 여권번호 Passport No.	3.3 발급국가 Country of Passport	3.4 발급지 Place of Issu
3.5 발급일자 Date of Issue	3.6 기간만료일 Date Of Expiry	

3.7 다른 여권 소지 여부 Does the applicant have any other valid passports ?

아니요 No [   ]   예 Yes [   ]

→ '예'선택 시 상세내용 기재 If 'Yes', please provide details

a) 여권종류 Passport Type

외교관 Diplomatic [   ]   관용 Official [   ]

일반 Regular   [   ]   기타 Other   [   ]

b) 여권번호 Passport No.   c) 발급국가 Country of Passport   d) 기간만료일 Date of Expiry

4. 연락처 / CONTACT INFORMATION

4.1 본국 주소 Home Country Address of the applicant

4.2 현 거주지 Current Residential Address
*현 거주지가 본국 주소와 다를 경우 기재 *Please write the current address if different from above

4.3 휴대전화 Cell Phone No. 또는 일반전화 Telephone No.   4.4 전자우편 E-mail

4.5 비상시 연락처 Emergency Contact Information

a) 성명 Full Name in English	b) 거주 국가 Country of Residence
c) 전화번호 Telephone No.	d) 관계 Relationship to the applicant

5. 혼인사항 및 가족사항 / MARITAL STATUS AND FAMILY DETAILS

5.1 현재 혼인사항 Current Marital Status

기혼 Married [   ]   이혼 Divorced [   ]   미혼 Single [   ]

5.2 배우자 인적사항 Personal Information of the applicant's Spouse
* 기혼으로 표기한 경우에만 기재 If 'Married' please provide details of the spouse

a) 성 Family Name (in English)	b) 명 Given Names (in English)
c) 생년월일 Date of Birth (yyyy/mm/dd)	d) 국적 Nationality
e) 거주지 Residential Address	f) 연락처 Contact No.

5.3 자녀 유무 Does the applicant have children?

없음 No [   ]   있음 Yes [   ]   자녀수 Number of children [   ]

6. 학력 / EDUCATION

6.1 최종학력 What is the highest degree or level of education the applicant has completed?

석사/박사 Master's /Doctoral Degree [   ]   대졸 Bachelor's Degree [   ]

고졸 High School Diploma   [   ]   기타 Other   [   ]

→ '기타' 선택 시 상세내용 기재 If 'Other', please provide details

(   )

6.2 학교명 Name of School	6.3 학교 소재지 Location of School(city/province/country)

7. 직업 / EMPLOYMENT

7.1 직업 Current personal circumstances

사업가 Entrepreneur [　]　　자영업자 Self-Employed [　]　　직장인 Employed [　]

공무원 Civil Servant [　]　　학생 Student　　　　[　]　　퇴직자 Retired　[　]

무직 Unemployed　[　]　　기타 Other　　　　　[　]

→ '기타'선택 시 상세내용 기재 If'Other', please provide details
（　　　　　　　　　　　　　　　　　　　　　）

7.2. 직업 상세정보 Employment Details

a) 회사/기관/학교명 Name of Company/Institute/School	b) 직위/과정 Position/Course
c) 회사/기관/학교 주소 Address of Company/Institute/School	d) 전화번호 Telephone No.

8. 방문정보 / DETAILS OF VISIT

8.1 입국목적 Purpose of Visit to Korea

관광/통과 Tourism/Transit [　]　　행사참석 Meeting, Conference [　]　　의료관광 Medical Tourism [　]

단기상용 Business Trip [　]　　유학/연수 Study/Training [　]　　취업활동 Work [　]

무역/투자/주재 Trade/Investment /Intra-Corporate Transferee [　]　　가족 또는 친지방문 Visiting Family/Relatives/Friends [　]　　결혼이민 Marriage Migrant [　]

외교/공무 Diplomatic/Official [　]　　기타 Other [　]

→ '기타'선택 시 상세내용 기재 If'Other', please provide details
（　　　　　　　　　　　　　　　　　　　　　）

8.2 체류예정기간 Intended Period of Stay	8.3 입국예정일 Intended Date of Entry
8.4 체류예정지(호텔 포함) Address in Korea (including hotels)	8.5 한국 내 연락처 Contact No. in Korea

152　강제퇴거 불법체류 이의신청

8.6 과거 5년간 한국을 방문한 경력
Has the applicant travelled to Korea in the last 5 years ?

아니요 No [　] 　예 Yes [　]

→ '예' 선택 시 상세내용 기재 If 'Yes', please provide details of any visits to Korea

(　　) 회 times,

방문목적 Purpose of Visit	방문기간 Period of Stay (yyyy/mm/dd)~ (yyyy/mm/dd)

8.7 한국 외에 과거 5년간 여행한 국가
Has the applicant travelled outside his/her country of residence, excluding to Korea, in the last 5 years?

아니요 No [　] 　예 Yes [　]

→ '예' 선택 시 상세내용 기재 If 'Yes', please provide details of these trips

국가명 Name of Country (in English)	방문목적 Purpose of Visit	빙문기간 Period of Stay (yyyy/mm/dd)~ (yyyy/mm/dd)

8.8. 국내 체류 가족 유무
Does the applicant have any family member(s) staying in Korea?

아니요 No [　] 　예 Yes [　]
　　→ '예' 선택 시 상세내용 기재 If 'Yes', please provide details of the family member(s)

성명 Full name in English	생년월일 Date of Birth (yyyy/mm/dd)	국적 Nationality	관계 Relationship to the applicant

* 참고: 가족의 범위 – 배우자, 자녀, 부모, 형제
  Note: Scope of family members – Spouse, children, parents, siblings of the applicant

8.9. 동반입국 가족 유무
Is the applicant travelling to Korea with any family member(s) ?

아니요 No [　] 　예 Yes [　]
　　→ '예' 선택 시 상세내용 기재
If 'Yes', please provide details of the family member(s) the applicant is travelling with

성명 Full name in English	생년월일 Date of Birth (yyyy/mm/dd)	국적 Nationality	관계 Relationship to the applicant

* 참고 : 가족의 범위 – 배우자, 자녀, 부모, 형제
  Note : Scope of family members – Spouse, children, parents, siblings of the applicant

9. 초청 정보 / DETAILS OF INVITATION

9.1 초청인/초청회사 Is there anyone inviting the applicant for the visa?

아니요 No [   ]   예 Yes [   ]

→ '예' 선택 시 상세내용 기재 If'Yes', please provide details

a) 초청인/초청회사명
Name of inviting person/organization (Korean, foreign resident in Korea, company, or institute)

b) 생년월일/사업자등록번호 Date of Birth/Business Registration No.	c) 관계 Relationship to the applicant
d) 주소 Address	e) 전화번호 Phone No.

10. 방문경비 / FUNDING DETAILS

10.1 방문경비(미국 달러 기준) Estimated travel costs(in US dollars)

10.2 경비지급자
Who will pay for the applicant's travel-related expenses?
(Any relevant person including the applicant and/or organization)

a) 성명/회사(단체)명 Name of Person/Organization (Company)	b) 관계 Relationship to the applicant
c) 지원내용 Type of Support	d) 연락처 Contact No.

11. 서류 작성 시 도움 여부 / ASSISTANCE WITH THIS FORM

11.1 이 신청서를 작성하는데 다른 사람의 도움을 받았습니까?
Did the applicant receive assistance in completing this form?

아니요 No [   ]   예 Yes [   ]

→'예'선택 시 상세내용 기재 If'Yes', please provide details of the person who assisted the applicant

성명 Full name in English	생년월일 Date of Birth (yyyy/mm/dd)	국적 Nationality	관계 Relationship to the applicant

유의사항 Notice

1. 위 기재사항과 관련하여 자세한 내용은 별지로 작성하거나 관련 서류를 추가로 제출할 수 있습니다.
   If extra space is needed to complete any item, record on a separate sheet of paper or submit relevant documents which could support the application.

2. 대한민국 사증을 승인받은 후 분실 또는 훼손 등의 사유로 여권을 새로 발급받은 경우에는, 정확한 개인정보를 반영할 수 있도록 변경된 여권정보를 사증처리기관에 통보해야 합니다.
   If you received Korean visa approval, and have new passport issued thereafter in lieu of lost/damaged passport, you must notify the concerned visa office of changes in your passport information.

3. 사증을 발급받았더라도 대한민국 입국 시 입국거부 사유가 발견될 경우에는 대한민국으로의 입국이 허가되지 않을 수 있습니다.
   Possession of a visa does not entitle the bearer to enter the Republic of Korea upon arrival at the port of entry if he/she is found inadmissible.

4. 「출입국관리법 시행규칙」 제9조제1항에 따라 C 계열 사증소지자는 입국 후에 체류자격을 변경할 수 없습니다.
   Please note that category C visa holders are not able to change their status of stay after their entry into the Republic of Korea in accordance with Article 9(1) of the Enforcement Regulations of the Immigration Act.

5. 허위사실 기재 또는 허위서류 제출이 확인되는 경우에는 사증발급·체류허가가 취소되며, 형사처벌·입국금지의 대상이 될 수 있습니다.
   Providing false information or documents leads to revocation of a visa and permission to stay, and may result in criminal punishments and an entry ban to the Republic of Korea.

6. 사증심사에 필요한 관련 서류 제출 요구에 따르지 않는 경우, 사증심사가 지연되거나 신청이 불허될 수 있습니다.
   Failure to submit all required documents may cause delay or denial of a visa.

7. 사증발급 신청 결과는 '대한민국 비자포털(www.visa.go.kr)'에서 확인*해야 하며, 사증발급거부통지서를 문서로 교부받고자 하는 경우에는 직접 공관을 방문하여 신청해야 합니다.
   * 확인 방법 : 비자포털 초기화면 좌측 '조회/발급'-'진행현황 조회 및 출력'-'재외공관'을 선택하고 여권번호, 성명, 생년월일 입력 후 조회

   Visa applicants must check online on the Korea Visa Portal website* (www.visa.go.kr) for visa application results. To receive the disapproval notice in written form, visa applicants must visit the diplomatic office and apply in person.
   * How to check results: click'Check Application Status'located on the left side of the Visa Portal main display - click'Check Application Status & Print'- select'Diplomatic Office' and input information in the blanks.

12. 서약 / DECLARATION

　본인은 위의 유의사항에 동의하며, 이 신청서에 기재된 내용이 거짓 없이 정확하게 작성되었음을 확인합니다. 또한 본인은 대한민국의 「출입국관리법」 규정을 준수할 것을 서약합니다.

I declare that I agree with the terms of application including the contents of the notice provided above, that statements made in this application are true and correct, and that I will comply with the Immigration Act of the Republic of Korea.

신청일자 DATE OF APPLICATION

/　　　/　　　(년/월/일) (yyyy/mm/dd)

신청인 성명

Applicant Name

(자필서명)

SIGNATURE OF APPLICANT

※ 17세 미만자의 경우 부모 또는 법정후견인의 서명을 기재할 것
※ Signature of Parent or Legal Guardian is required for a person under 17 years of age
※ 위 서명란에 본인의 성명과 서명을 기재하지 않는 경우 사증발급이 불허될 수 있음
※ Failure to provide name and signature may result in your application being denied.

첨부서류 ATTACHMENT	「출입국관리법 시행규칙」 제76조제1항 및 별표 5에 따른 사증발급 신청 등 첨부서류

처리절차 / Procedure

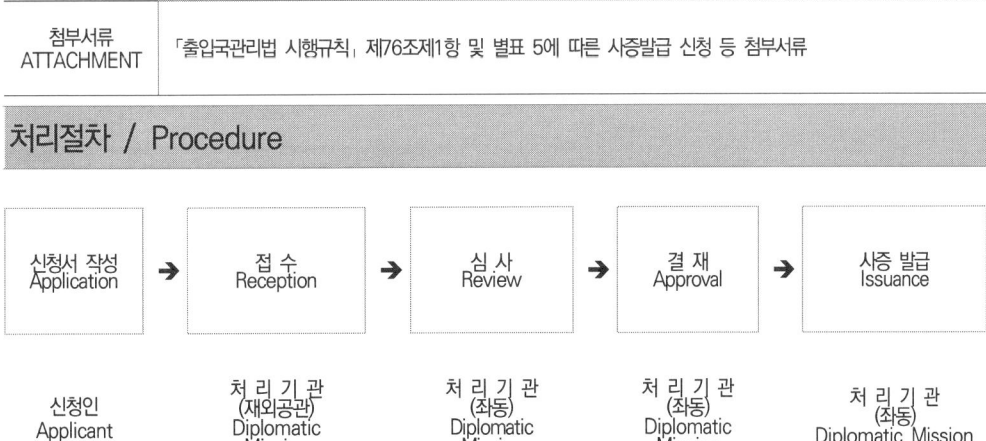

12. 고용·연수외국인 변동사유 발생 신고서

고용 · 연수외국인 변동사유 발생 신고서

(앞쪽)

접수번호	접수일자	처리기간

1. 신고자(사업장) 정보

① 외국인 고 용 사업장	고용보험 사업장관리번호		사업자등록번호(주민등록번호)	사업장명(대표자명)
	연 락 처	휴대전화번호	팩스	
		전화번호	이메일 E-mail	

2. 신고사유 및 신고대상 외국인 정보

②
신
고
사
유

신
고
내
용

[　]ⓐ 근로계약 해지(해고, 퇴직, 계약기간 변경 등 포함)
▶ 사유:　　※ 뒷면 작성요령에서 사유를 확인(세분류)하여 해당하는 번호를 기재하세요

[　]ⓑ 사망　　　　　　　　　　[　]ⓒ 5일 이상 무단결근 또는 소재불명(무단이탈)

[　]ⓓ 고용사업장 정보변동(대표자, 명칭, 소재지 등 변경)

[　]ⓔ 고용승계(사업장 양수·양도)　　　[　]ⓕ 지사간 이동(고용주 변동이 없는 경우)

[　]ⓖ 근로자를 파견한 경우
(파견사업장이 변경된 경우 포함)　　　　[　]ⓗ 기타(　　　　　　　　　　)

◎ 소재불명(무단이탈) 신고의 경우 아래 사항을 기재하시기 바랍니다.
  -발생 장소: [　]사업장, [　]숙소, [　]기타(　　　　　　　　　　)
  -외국인근로자 전화번호:
  -발생사유(구체적으로 기재):

◎ 고용사업장 정보변동의 경우 변경사항을 기재하시기 바랍니다.
  -변경 전:

  -변경 후:

	연번	성명(영문)	외국인등록 번호	체류 자격	사유발생일 (발생사실을 안 날)	신고 사유 (ⓐ~ ⓗ)	근로계약 해지(ⓐ)의 경우 세분 류(①~⑰) 중 기재
③ 외국인 정 보	1						
	2						
	3						
	4						
	5						

「출입국관리법」 제19조 및 같은 법 시행령 제24조에 따라 위와 같이 신고합니다.

신고일자:　　　　　　　년　　　　월　　　　일

신고인(대리인):　　　　　　　　　　서명 또는 인

○○출입국 · 외국인청(사무소 · 출장소)장　귀하

※ H-2(방문취업), E-9(비전문취업) 자격소지자에 대한 신고를 출입국 · 외국인청(사무소 · 출장소)에 신고하면 「외국인근로자
　의 고용 등에 관한 법률」 제17조에 따른 신고사항을 고용노동부에 별도로 신고하지 않아도 됩니다.
　‣ 신고 결과는 하이코리아(www.hikorea.go.kr)에서 확인할 수 있습니다.

신고인 제출서류	1. 고용주 신분증사본 2. 사유별 제출서류 　[ ]사망진단서,[ ]질병 · 상해진단서,[ ]근로계약서,[ ]사직서 　[ ]기타 (　　　　　　　　　　　　　　　　　)	수수료 없음
담당공무원 확인사항	1. 사업자등록증 사본	

행정정보 공동이용 동의서

위 제출서류 중 사업자등록증 사본의 경우에는 신고인은 「전자정부법」 제36조에 따른 행정정보 공동이용을 통하
여 담당공무원이 담당공무원 확인사항을 확인하는 것에 동의합니다.
　* 동의하지 않는 경우 신고인이 직접 관련서류를 제출해야 합니다.

신고인:　　　　　　　　　　서명 또는 인

유의사항

1. 고용주는 고용하고 있는 외국인근로자가 해고, 퇴직, 사망, 소재불명(무단이탈) 또는 고용계약기간 변경, 고용주 변경, 사업장 명칭 변경, 사업장 소재지(주소) 변경, 근무장소 변경·추가, 근로자 파견 및 파견사업장 변경 등의 사유가 발생하였을 때는 15일 이내에 신고하여야 합니다.
2. 위 기간 내에 신고하지 아니한 경우에는「출입국관리법」제100조제1항에 따라 200만원 이하의 과태료 처분을 받을 수 있으며, 거짓사실을 신고한 경우에는 같은 법 제100조제3항에 따라 50만원 이하의 과태료 처분을 받을 수 있습니다.
3. 동일 사업체 내 근무처 변경·추가(지사 간 이동), 고용주(대표자) 변경 및 사업장 양도·양수로 인한 고용승계 등은 사실관계 확인을 위해 추가 조사(방문 또는 증빙자료 제출)가 필요할 수 있습니다.

작성방법

① 신고하려는 외국인이 근무하고 있는 사업장 정보를 정확하게 기재합니다. (사업자등록번호가 없는 경우, 주민등록번호를 기재합니다.)
② 해당 신고사유에 [V]표로 표시하고, 상세 사유를 구체적으로 기재합니다.
 - 해고, 퇴직, 결근 등의 사유로 신고하는 경우에는 구체적인 유형을 반드시 선택해야 합니다.
 - 소재불명(무단이탈)의 경우 그 발생장소, 외국인근로자 전화번호, 발생사유를 구체적으로 적어야 합니다.
 - 고용사업장 정보변동 중 사업장 명칭, 소재지가 변경된 경우에는 변경 전·후의 사항을 반드시 적어야 합니다.
③ 신고대상 외국인 인적사항을 적습니다. 외국인 성명은 영문 대문자로 적고, 외국인등록번호, 체류자격, 사유발생일(사유발생을 안 날), 신고사유를 정확히 적어야 합니다.
 ※ 신고대상 외국인이 6명 이상일 경우에는 해당 외국인의 인적사항 및 신고사유를 별지로 만들어 첨부할 수 있습니다.
 - 신고사유란에는 신고사유(E-9 별도 신고사항 포함) ⓐ ~ ⓗ 중에서 선택하여 기재하고, 근로계약해지(ⓐ)의 경우에만 세분류 ① ~ ⑰ 중에서 선택하여 기재해야 합니다. (작성예시 : 고용승계의 경우 "ⓔ"를 기재하고, 공사종료로 인한 해고는 "ⓐ-⑧"을 기재)
④ 첨부서류란은 필수서류 외에 신고사항별로 추가 제출하는 서류란에 [V]표를 표시합니다. 예시된 서류 외에 제출하는 서류는 기타란에 적습니다.

대분류	세분류
정당한 사유 없이 5일 이상 무단 결근	-
근로계약 해지, 계약만료	① 계약기간 만료
	② 당사자간 자율 합의로 근로계약 해지 또는 계약기간 변경
	③ 근로자 태업으로 인한 근로계약 해지 또는 계약기간 변경
	④ 근로자 무단결근으로 인한 근로계약 해지 또는 계약기간 변경
	⑤ 기타 근로자 귀책으로 인한 근로계약 해지 또는 계약기간 변경
휴업, 폐업, 그 밖의 외국인 책임이 아닌 사유	⑥ 장기간 휴업/휴직, 폐업/도산의 확정
	⑦ 경영상 필요에 의한 해고
	⑧ 공사종료
	⑨ 임금 체불 또는 지급 지연
	⑩ 폭행, 상습적 폭언, 성희롱, 성폭행 등
고용허가 취소 또는 고용 제한	⑪ 사업장의 고용허가 취소
	⑫ 사업장의 외국인 고용 제한
근로조건과 근로계약 조건이 상이하거나, 근로조건 위반 등 사용자의 부당한 처우 등으로 인해 사회통념상 근로계약을 유지하기 어려운 경우	⑬ 근로조건이 근로계약 조건과 상이
	⑭ 근로조건 위반
	⑮ 기타
상해 등	⑯ 상해 등
	⑰ 종교적 문화의 특수성

처리 절차

① 방문 신고 시

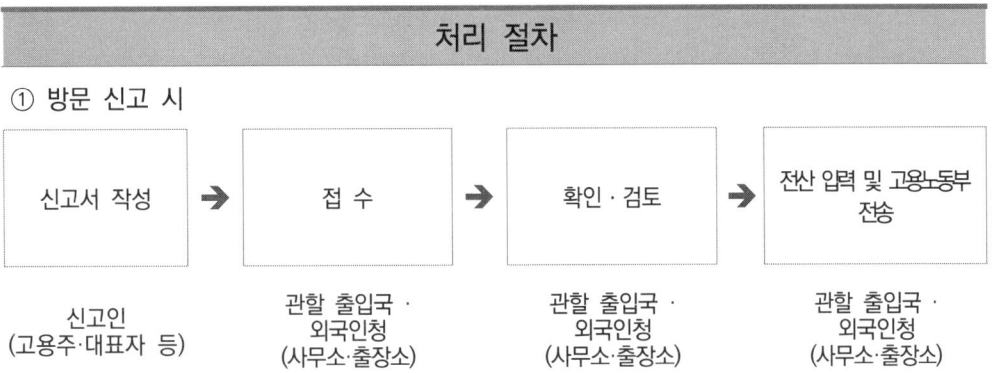

② FAX 신고 시

(FAX 번호 : 1577-1346, 신고 관련 문의 : 외국인종합안내센터☎1345)

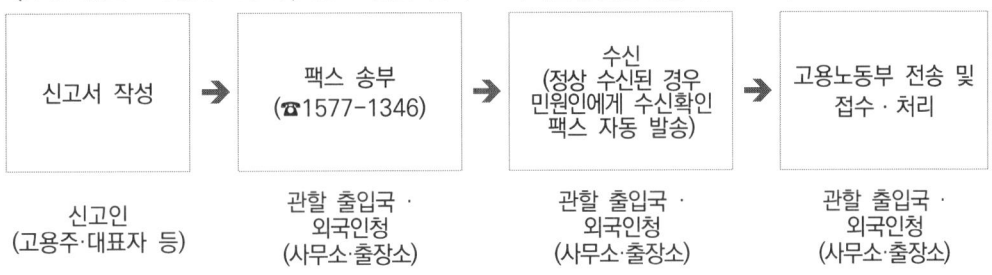

③ 전자민원(하이코리아) 신고 시 (비전문취업(E-9), 방문취업(H-2) 자격 고용주)

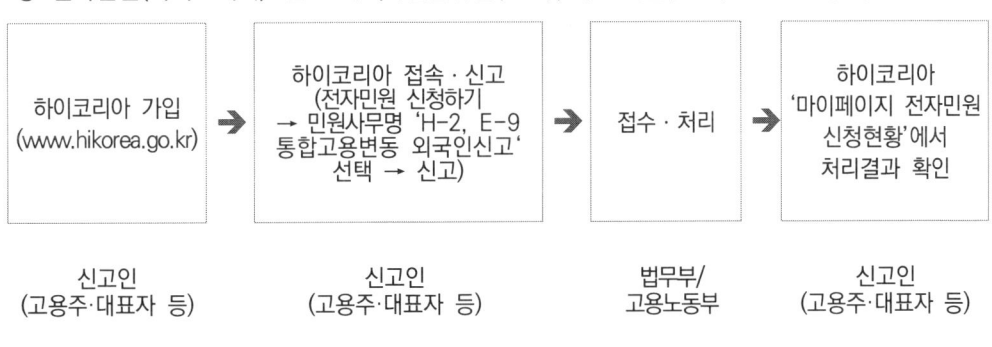

13. 통합신청서(신고서)

통합신청서 (신고서)
APPLICATION FORM (REPORT FORM)

※ 신청서는 한글 또는 영문으로 작성하시기 바랍니다.
(Please complete this form in Korean or English.)

□ 신청/신고 선택 SELECT APPLICATION/REPORT

[ ] 외국인 등록 FOREIGN RESIDENT REGISTRATION	[ ] 체류지 변경신고 ALTERATION OF RESIDENCE	
[ ] 등록증 재발급 REISSUANCE OF REGISTRATION CARD	[ ] 체류기간 연장허가 EXTENSION OF SOJOURN PERIOD	**PHOTO** 여권용 사진(35mm×45mm) * 촬영일부터 6개월이 지나지 않아야 함 taken within last 6 months * 외국인 등록 및 등록증 재발급 시에만 사진 부착 Photo only for Foreign Resident Registration (Reissued)
[ ] 근무처 변경·추가허가 / 신고 CHANGE OR ADDITION OF WORKPLACE	[ ] 재입국허가 (단수, 복수) REENTRY PERMIT (SINGLE, MULTIPLE)	
	[ ] 등록사항 변경신고 CHANGE OF INFORMATION ON REGISTRATION	
[ ] 체류자격 부여 GRANTING STATUS OF SOJOURN	(희망 자격 :) Status to apply for ( )	
[ ] 체류자격 변경허가 CHANGE OF STATUS OF SOJOURN	(희망 자격 :) Status to apply for ( )	
[ ] 체류자격 외 활동허가 ENGAGE IN ACTIVITIES NOT COVERED BY THE STATUS OF SOJOURN	(희망 자격 :) Status to apply for ( )	

성명 Name In Full	성 Surname					명 Given names	
생년월일 Date of Birth	년 yyyy	월 mm	일 dd	성별 Sex	[ ]남 M [ ]여 F	국적 Nationality	
외국인등록번호 Foreign Resident Registration No.							
여권번호 Passport No.		여권 발급일자 Passport Issue Date			여권 유효기간 Passport Expiry Date		
대한민국 내 주소 Address In Korea							
전화번호 Telephone No.			휴대전화 Cell phone No.				
본국 주소 Address In Home Country					전화번호 Phone No.		

재학여부 School Status	미취학 [ ] Non-school [ ]		초 [ ] Elementary [ ]		중 [ ] Middle [ ]		고 [ ] High [ ]
	학교 이름 Name of School					전화번호 Phone No.	
	학교 종류 Type of School	교육청 인가 [ ], Accredited school by Education Office [ ] 교육청 비인가, 대안학교 [ ], Non-accredited, Alternative school [ ]					

근무처 Workplace	원 근무처 Current Workplace		사업자등록번호 Business Registration No.		전화번호 Phone No.	
	예정 근무처 New Workplace		사업자등록번호 Business Registration No.		전화번호 Phone No.	

연 소득금액 Annual Income Amount		만원(ten thousand won)		직업 Occupation	
재입국 신청 기간 Intended Period Of Reentry		전자우편 E-Mail			

반환용 계좌번호(외국인등록 및 외국인등록증 재발급 신청 시에만 기재)
Refund Bank Account No. only for Foreign Resident Registration

신청일 Date of application		신청인 서명 또는 인 Signature/Seal	

신청인 제출서류 (담당공무원 확인사항) Required documents for applicants (Matters to be checked by officer in charge)	「출입국관리법 시행규칙」 별표 5의2의 체류자격별·신청구분별 첨부서류 참고 Please refer to the attached documents for each status of stay and each application type in Annex 5-2 of the Enforcement Rule of the Immigration Act.

행정정보 공동이용 동의서 (Consent for sharing of administrative information)

본인은 이 건 업무처리와 관련하여 담당 공무원이 「전자정부법」 제36조에 따른 행정정보의 공동이용을 통하여 위의 담당 공무원 확인 사항을 확인하는 것에 동의합니다. *동의하지 않는 경우에는 신청인이 직접 관련 서류를 제출해야 합니다.
I, the undersigned, hereby consent to allow all documents and information required for the processing of this application to be viewed by the public servant in charge as specified in Article 36 of the Electronic Government Act. * If you disagree, you are required to present all related documents in person.

신청인 Applicant	서명 또는 인 Signature/Seal	신청인의 배우자 Spouse of applicant	서명 또는 인 Signature/Seal	신청인의 부 또는 모 Father/Mother of applicant	서명 또는 인 Signature/Seal

공용란 (For Official Use Only)

기본 사항	최초입국일		체류자격		체류기간	
접수 사항	접수일자		접수번호			
허가(신고) 사항	허가(신고) 일자		허가번호		체류자격	
					체류기간	
결 재	담 당				청장·소장	
					가 / 부	

수입인지는 뒷면에 첨부(Revenue Stamp on the Backside) / 수수료 면제(exemption) [ ] (면제사유:)

14. 모바일외국인등록증 신규 발급 및 재발급 신청서

모바일외국인등록증 신규 발급 및 재발급 신청서
Application for New Issuance/Reissuance of Mobile Residence Card

※ 아래 [ ] 항목에 √ 표시하시기 바랍니다.(Please put a √ in the applicable [ ] below.)

접수번호(Receipt No.)	접수일시(Date of Receipt)	처리기간(Processing Period) 즉시(Immediately)
신청내용 (Type)	[ ] 신규 발급(New Issuance)	[ ] 재발급(Reissuance)

신청인 (Applicant)	성명(Full Name)		
	외국인등록번호(Foreign Resident Registration No.)		
	[ ][ ][ ][ ][ ][ ] − [ ][ ][ ][ ][ ][ ][ ]		
	연락처(Phone No.)		
	[ ][ ][ ] − [ ][ ][ ][ ] − [ ][ ][ ][ ]		

재발급 사유 (Reasons for reissue)	[ ] 외국인등록증(영주증) 재발급 [Reissuance of Residence Card(Permanent Resident Card)] [ ] 이동통신단말장치 변경(Change of a mobile device) [ ] 그 밖의 사유(Other reasons for the inability to use the current card)
	분실한 경우 분실일자 작성(Date of loss of mobile device, if applicable)

「출입국관리법」제33조제6항 및 같은 법 시행규칙 제48조의2제1항 또는 제4항에 따라 위와 같이 신청합니다.
I hereby apply as above in accordance with Article 33, Paragraph 6 of the Immigration Act and Article 48-2, Paragraph 1 or 4 of the Enforcement Rules of the same Act.

년(Year)   월(Month)   일(Day)

신청인(Name of Applicant)   (서명 또는 인)
(Signature or Seal)

○○출입국 · 외국인청(사무소 · 출장소)장
To the Chief of ○○ Immigration Office(Branch Office)   귀하

첨부서류 (Documents to be attached)	1. 유효한 여권(Valid Passport) 2. 외국인등록증(Residence Card) 　[영주증(Permanent Resident Card)포함]	수수료 없음 (No Fee)

15. 출국기한유예신청서

출국기한유예신청서
(Application For Postponement Of The Termination Of Departure)

접수번호	접수일자	처리일자	처리기간

신청인 (Applicant)	성명 (Full name)		
	한자성명 (漢字姓名)	성별 (Sex)	[ ] 남/M [ ] 여/F
	생년월일 (Date of Birth)	국적 (Nationality)	
	본국 주소 (Address in Home Country) (연락처 Tel. :)		
	국내 체류지 (Address in Korea) (연락처 Tel. :)		
	출국 예정일 (Approximate Date Of Departure)		
	출국 예정항 (Approximate Port Of Departure)		
	신청 사유 (Reason For Application)		

	연번 (No.)	성명 (Full name)	생년월일 (Date Of Birth)	성별 (Sex)	관계 (Relation)	비고 (Remarks)
동반자 (Dependent)				[ ]M [ ]F		
				[ ]M [ ]F		
				[ ]M [ ]F		
				[ ]M [ ]F		
소명 자료 (Supporting evidence)						

「출입국관리법 시행규칙」 제33조에 따라 위와 같이 신청합니다.

I hereby apply for Postponement Of The Termination Of Departure, pursuant to Article 33 of the provisions for enforcement of the Immigration Act.

신청일   년   월   일
(Date of Application)   (year)   (month)   (day)

신청인   (서명 또는 인)
(Applicant)   (signature or seal)

공용란(FOR OFFICIAL USE ONLY)					
접수일자		최초 출국유예일자		청(소)장	가 / 부
접수번호		출국유예 연장기간		과장	
허가일자		참고사항		팀장	
허가번호				담당	

16. 출국정지결정 등 이의신청서

출국정지결정 등 이의신청서
Application of Objection

접수번호 Receipt No		접수일 Receipt Date	처리기간 Processing Period	15일 15days
신청인 Applicant	성 명 Name			
	생년월일 Date of Birth		성 별 Gender	[ ] 남 [ ] 여 [ ] M [ ] F
	주소 Address	(전화번호:) (Telephone:)		

      년   월   일의 출국정지(출국정지기간 연장)결정에 대하여 이의가 있으므로 「출입국관리법」 제29조에 따라 붙임과 같이 소명자료를 첨부하여 이의를 신청합니다.

I hereby raise an objection against the decision of departure suspension(extension of the period of departure suspension) dated   .   .   . by submitting the supporting documents attached hereto pursuant to Article 29 of the Immigration Law on Departure suspension.

년   월   일
(Year) (Month) (Day)

신청인   (서명 또는 인)
Applicant   Signature/Seal

법무부장관 귀하
TO: The Minister of Justice

첨부서류	소명자료 Attachment: Supporting documents	수수료 없음 Fee: None

재입국허가기간 연장허가 신청서
Application For Permission For Extending Of Reentry Permit

[ ]에 해당되는 곳에 √표를 합니다.

접수번호 Receipt No	접수일자 Receipt Date	처리기간 Processing Period

종 류 Type	[ ] 단 수 Single　　[ ] 복 수 Mutiple				
신 청 인 Applicant	성 명 Name In Full			한자 성명 漢子 姓名	
	성 별 Gender	[ ]M [ ]F	생년월일 Date Of Birth	국 적 Nationality	
	직장 및 직위 Place & Position Of Employment				
	한국 내 주소 Address In Korea		전화번호 Telephone		
	본국 주소 Address In Home Country				
	여권 번호 Passport No.		여권 유효기간 Passport Validity		
	재입국 허가번호 Reentry Permit No.		허가일 Date Of Permit	유효 기간 Date Of Expiration	
	연장신청 기간 Intended Period Of Extension		연 장 신 청 사유 Reason For Application		

동반자 Dependent	연번 No.	성 명 Name In Full	생년 월일 Date Of Birth	성 별 Gender	관 계 Relation	비 고 Remarks
				[ ]M [ ]F		
				[ ]M [ ]F		

「출입국관리법 시행규칙」 제39조의7에 따라 위와 같이 신청합니다.

I hereby apply for Postponement Of The Termination Of Departure, pursuant to Article 39-7 of the provisions for enforcement of the Immigration Law.

신청 일자:　　　　/　　/　　/　신청인 서명 또는 인:
Date Of Application:　(Year) (Month) (Day)　　Signature/Seal:

공용란(FOR OFFICIAL USE ONLY)					
체류 사항		허가 사항		결 재	
체류 자격		번 호			
체류 기간		일 자			
외국인등록번호		구 분			
참고 사항		기 간		담 당 자	

18. 방문취업 동포 취업개시 등 신고서

방문취업 동포 취업개시 등 신고서

접수번호		접수일자		처리기간	즉시

신 고 인	성 명				한자 성명 漢子 姓名	
	성 별	[ ]남 [ ]여	생년 월일		국 적	
	외국인등록번호					
	연락처	주 소:				
		전화번호(휴대전화):				
		전자우편:				

※ [ ]에는 해당되는 곳에 √표를 하고, 최초 취업인 경우 현 사업장만 내용 기재

신고 내용	신고 사유	[ ] 최초 취업		[ ] 사업장 등의 변경		
	종전 사업장	사업자등록번호	사업장명	전화번호	업종	직위 및 담당업무
	현사업장	사업자등록번호	사업장명	전화번호	업종	직위 및 담당업무

「출입국관리법」 제35조, 같은 법 시행규칙 제49조의2제4호 및 제5호에 따라 위와 같이 신고합니다.

신고일자:　　　년　　월
일

신고인:　　(서명 또는 인)

출입국 · 외국인청(사무소 · 출장소)장　귀하

신고인 제출서류	외국인등록증 사본, 특례고용가능확인서 사본, 표준근로계약서 사본
담당공무원 확인사항	사업자등록증 사본

행정정보 공동이용 동의서

　　본인은 이 건 업무처리와 관련하여 담당 공무원이 「전자정부법」 제36조에 따른 행정정보의 공동이용을 통하여 위의 담당 공무원 확인 사항을 확인하는 것에 동의합니다. *동의하지 아니하는 경우에 신청인이 직접 관련 서류를 제출하여야 합니다.

신고인　　　　　　　　　　　서명 또는 인

유의사항

1. 사업자등록번호가 없는 가사서비스업종에 취업한 경우에는 '사업자등록번호'를 「888-88-88888」로 적기 바랍니다.

2. 신고내용에 따라 출입국 · 외국인청(사무소 · 출장소)에서 출석 또는 신청서의 보완 등을 요구할 수 있으며 이에 응하지 않는 경우에는 신고가 반려될 수 있으므로, 반드시 연락 가능한 전화번호를 적기 바랍니다.

3. 방문취업 동포의 취업개시 신고는 발생일로부터 14일 이내에 하여야 하며 거짓 사실을 신고하거나 신고 기간을 지나 신고한 경우에는 「출입국관리법」 제100조제2항제1호에 따라 100만원 이하의 과태료가 부과될 수 있으며, 향후 체류기간 연장 시 불이익을 받을 수 있습니다.

4. 팩스로 신고한 경우에는 출입국 · 외국인청(사무소 · 출장소)에서 수신확인 팩스가 발신 팩스번호로 자동 송부되니, 이를 반드시 확인하기 바랍니다.

19. 보호에 대한 심사청구서

보호에 대한 심사청구서
(APPLICATION FOR REVIEW OF DETENTION ORDER)

※ 색상이 어두운 칸은 심사청구인이 작성하지 않으며, [ ]에는 해당되는 곳에 √표를 합니다.
The applicant shall not fill in the shaded areas. Please place a check mark (V) in the applicable boxes [ ].

접수번호 Receipt No		접수일 Receipt Date	처리기간 Processing Period
심사청구인 Applicant for Review	성 명 Full Name		생년월일 Date of Birth
	성 별 Gender	[ ] 남　　　[ ] 여 [ ] Male　[ ] Female	국 적 Nationality
	대한민국 내 주소 Address in Korea (전화번호:　　　　　　　　　　　　　　　) (Telephone:　　　　　　　　　　　　　　)		
	전자우편 E-mail		
	피보호자와의 관계 Relationship with the detainee		
피보호자 Detainee	성 명 Full Name		생년월일 Date of Birth
	성 별 Gender	[ ] 남　　　[ ] 여 [ ] Male　[ ] Female	국 적 Nationality
	대한민국 내 주소 Address in Korea (전화번호:　　　　　　　　　　　　　　　) (Telephone:　　　　　　　　　　　　　　)		

▸ 청구인과 피보호자가 동일인일 경우에는 심사청구인의 인적사항란만 작성합니다.
  If the applicant and the detainee are the same person, please fill out only the applicant's personal information section.

처분청 Detention ordered by	
청구 취지 및 청구 이유 Purpose and reason for review	별지로 작성 Written in separate document
붙임 서류 Attachments	

본인은 _____ 년 ____ 월 ____ 일자 ○○출입국·외국인청(사무소, 출장소, 보호소)장의 보호명령에 대해 이의가 있으므로 「출입국관리법」 제55조에 따라 이의사유를 소명하는 서류를 덧붙여 심사를 청구합니다.

I hereby file a review with the attached documents to state the reasons for my objection to the Detention Order issued by the Chief of Immigration Office dated on _____ (year) ____ (month) ____ (day) pursuant to Article 55 of the Immigration Act.

년   월   일
(Year)   (Month)   (Day)

심사청구인   (서명 또는 인)
Applicant for Review   Signature/Seal

외국인보호위원회
TO: The Immigration Detention Review 귀중
Committee

첨부서류 Attachments	1. 이의의 사유를 소명하는 자료 Supporting Materials explaining the grounds for review 2. 법정대리인등의 자격을 증명하는 자료(법정대리인등이 심사를 청구하는 경우에만 제출합니다) Materials proving the status of the legal representative or any other person concerned (to be submitted only when the legal representative or any other person concerned applies for review)	수수료 없음 (No Fee)

처리절차 Procedure

청 구 Application	→	접 수 Receipt	→	심 사 · 결 정 Decision	→	통 지 Notice
심사청구인 Applicant		청장·사무소장·출장소장 또는 보호소장 Chief of Immigration Office		외국인보호위원회 Immigration Detention Review Committee		

20. 강제퇴거명령에 대한 이의신청서

강제퇴거명령에 대한 이의신청서
(WRITTEN OBJECTION AGAINST DEPORTATION ORDER)

접수번호(Receipt No)		접수일(Receipt Date)	

신청인 (Applicant)	성명 (Full name)		
	생년월일 (Date of Birth)	성별 (Sex) [ ]남 male [ ]여 Female	
	국적 (Nationality)		
	대한민국 내 주소 (Address in Korea)		
	(연락처 (Phone No.) :)		

이의신청 사유 (Reasons for objection)	※ 별지 작성 가능 You may write on a separate sheet of paper.
소명자료(첨부) (Attachment: Supporting documents)	

　나는 _____년 _____월 _____일자 출입국·외국인청(사무소·출장소)장의 강제퇴거명령에 대하여 이의가 있으므로 「출입국관리법」 제60조제1항에 따라 이의 사유를 소명할 수 있는 서류를 덧붙여 이의신청합니다.

　I have an objection against the Deportation Order issued by the Chief of Immigration Office on _____. _____. _____. Accordingly, I hereby file an objection with supporting documents attached, pursuant to Article 60(1) of the Immigration Act.

	년	월	일
Date	(Year)	(Month)	(Day)

신청인 (Applicant)

(서명 또는 인)
Signature or Seal

법 무 부 장 관　　　　귀하
TO: Minister of Justice

21. 보호 일시해제 신청서

보호 일시해제 신청서
(APPLICATION FOR TEMPORARY RELEASE FROM DETENTION)

※ 색상이 어두운 칸은 신청인이 작성하지 않으며, [ ]에는 해당되는 곳에 √표를 합니다.
　 The applicant shall not fill in the shaded areas. Please place a check mark (V) in the applicable boxes [ ].

접수번호 Receipt No		접수일 Receipt Date	처리기간 Processing Period
신청인 Applicant	성 명 Full Name		생년월일 Date of Birth
	성 별 Gender　　[ ] 남　　[ ] 여 　　　　　　 [ ] Male　[ ] Female		국 적 Nationality
	대한민국 내 주소 Address in Korea　　　　　　　　　　　(전화번호:　　　　　　) 　　　　　　　　　　　　　　　　　　　　　(Telephone:　　　　　　)		
	전자우편 E-mail		
	피보호자와의 관계 Relationship with the detainee		
피보호자 Detainee	성 명 Full Name		생년월일 Date of Birth
	성 별 Gender　　[ ] 남　　[ ] 여 　　　　　　 [ ] Male　[ ] Female		국 적 Nationality
	대한민국 내 주소 Address in Korea　　　　　　　　　　(전화번호:　　　　　　) 　　　　　　　　　　　　　　　　　　　　(Telephone:　　　　　　)		

▸ 신청인과 피보호자가 동일인일 경우 신청인의 인적사항란만 작성합니다.
　 If the applicant and the detainee are the same person, please fill out only the applicant's personal information section.

보호명령서 Detention Order	명령서 발급기관 Issuing Office		명령서 발급일자 Date of Issue		명령서 번호 No. of the Order	
신청 취지 및 사유 Purpose and Reason for Application						
붙임 서류 Attachments						

위 피보호자에 대한 보호 일시해제를 신청하니 보호 일시해제 여부를 결정해 주시기 바랍니다.

I respectfully request temporary release of the above-mentioned detainee from detention and ask that a decision be made on whether to grant the temporary release.

년　　　　월　　　　일
(Year)　　(Month)　　(Day)

신청인　　　　　　　　　　　　(서명 또는 인)
Applicant　　　　　　　　　Signature/Seal

외국인보호위원회
TO: The Immigration Detention Review 귀중
Committee

첨부 서류 Attachments	1. 신청 사유 및 보증금 납부능력을 소명하는 자료 Supporting Materials explaining the grounds for the application and applicant's ability to pay the security deposit 2. 보증인 또는 법정대리인등의 자격을 증명하는 자료(보증인 또는 법정대리인 등이 보호 일시해제를 신청하는 경우에만 제출합니다.) Materials proving the status of the guarantor·legal representative or any other person concerned (to be submitted only when the guarantor·legal representative or any other person concerned applies for temporary release from detention)	수수료 없음 (No Fee)

처리절차 Procedure

신 청 Application	→	접 수 Receipt	→	심 사·결 정 Decision	→	통 지 Notice
신청인 Applicant		청장·사무소장·출장소장 또는 보호소장 Chief of Immigration Office		외국인보호위원회 Immigration Detention Review Committee		

22. 신원보증서

신 원 보 증 서

※ [ ]에는 해당하는 곳에 √ 표시를 합니다.   (앞쪽)

피보증 외국인	성	명	漢字	
	생년월일		성별	[ ]남 [ ]여
	국적		여권번호	
	대한민국 주소		전화번호	
	체류목적			

신원 보증인	가. 인적사항			
	성명		漢字	
	국적		성별	[ ]남 [ ]여
	여권번호 또는 생년월일		전화번호	
	주소			
	피보증인과의 관계			
	근무처		직위	
	근무처 주소		비고	
	나. 보증기간(보증기간의 최장기간은 4년으로 한다)			

	다. 보증내용
	  (1) 체류 중 제반 법규를 준수하도록 한다.
	  (2) 출국여비 및 이와 관련된 비용에 대한 지급책임을 부담한다.
	  (3) 체류 또는 보호 중 발생되는 비용에 대한 지급책임을 부담한다.			

위 신원보증인은 피보증외국인이 대한민국에 체류함에 있어서 그 신원에 이상이 없음을 확인하고 위 사항을 보증합니다.

년   월   일

신원보증인   (서명 또는 인)

Letter of Guarantee

※ Tick [√] where applicable.   (뒤쪽)

Applicant (a foreign national entering Korea)	Family name	Given names	Name in Chinese character	
	Date of birth		Sex	[ ]male [ ]female
	Nationality		Passport No.	
	Address in Korea		Telephone No.	
	Purpose of sojourn			

Guarantor	a. Personal information			
	Full name		Name in Chinese character	
	Nationality		Sex	[ ]male [ ]female
	Passport Number or Date of Birth		Phone No.	
	Address			
	Relationship to applicant			
	Company or organization you work for		Job position	
	Work address		Note	
	b. Period of guarantee(The period of guarantee shall not exceed 4 years)			
	c. I shall guarantee the following items: (1) I shall ensure that the applicant abides by competent laws and regulations of Korea. (2) I shall shoulder the travel expenses for the applicant's return if he/she is unable to pay them. (3) I shall shoulder the expenses arising from the applicant's stay or detention in Korea if he/she is unable to pay them.			

I hereby declare that the above statements are true and correct.

Year   Month   Day

Guarantor   (signature or seal)

23. 과태료처분에 대한 이의제기서

과태료처분에 대한 이의제기서

신청인	성명(법인명 또는 사업자명)	
	생년월일(법인등록번호 또는 사업자등록번호)	
	국적	
	주소(연락처)	
처분내용	과태료 금액	
	사건번호	
	위반내용	
과태료 처분에 대한 불복사유		

　　귀 청(사무소·출장소)의 과태료부과 처분에 대해 불복하므로 「질서위반행위규제법」 제20조제1항에 따라 이의를 제기합니다.

년　　월　　일

신청인 :　　　　　　　　(서명 또는 인)

○○출입국·외국인청(사무소·출장소)장　귀하

▣ 편 저 대한법률콘텐츠연구회 ▣

(연구회 발행도서)

· 청구취시 원인변경 소의 변경 보충·정정 작성방법
· 청구이의의 소 강제집행정지 제3자이의의 소
· 음주운전 공무집행방해 의견서 작성방법
· 불기소처분 고등법원 재정신청서 작성방법
· 형사사건항소 항소이유서 작성방법
· 불법행위 손해배상 위자료 청구
· 경찰서 진술서 작성방법

외국인 불법체류/강제퇴거명령/보호일시해제/이의신청 구제방법

강제퇴거 불법체류 이의신청

2026년 01월 05일 인쇄
2026년 01월 10일 발행

편 저 대한법률콘텐츠연구회
발행인 김현호
발행처 법문북스
공급처 법률미디어

주소 서울 구로구 경인로 54길4(구로동 636-62)
전화 02)2636-2911~2, 팩스 02)2636-3012
홈페이지 www.lawb.co.kr

등록일자 1979년 8월 27일
등록번호 제5-22호

ISBN 979-11-94820-46-8 (13360)

정가 28,000원

이 도서의 국립중앙도서관 출판예정도서목록(CIP)은 서지정보유통지원시스템 홈페이지(http://seoji.nl.go.kr)와 국가자료종합목록 구축시스템(http://kolis-net.nl.go.kr)에서 이용하실 수 있습니다.

홈페이지 www.lawb.co.kr
페이스북 www.facebook.com/bummun3011
인스타그램 www.instagram.com/bummun3011
네이버 블로그 blog.naver.com/bubmunk